不想再做老好人
如何对人说"不"

罗金 著

台海出版社

图书在版编目（CIP）数据

不想再做老好人：如何对人说"不" / 罗金著. —— 北京：
台海出版社, 2019.10
ISBN 978-7-5168-2439-9

Ⅰ.①不… Ⅱ.①罗… Ⅲ.①人际关系–通俗读物
Ⅳ.①C912.11–49

中国版本图书馆 CIP 数据核字(2019)第 217746 号

不想再做老好人：如何对人说"不"

著　　者：罗　金

责任编辑：王　萍
装帧设计：快乐文化　　　　　　版式设计：通联图文
责任校对：刘青青　　　　　　　责任印制：蔡　旭

出版发行：台海出版社
地　　址：北京市东城区景山东街 20 号　邮政编码：100009
电　　话：010-64041652（发行，邮购）
传　　真：010-84045799（总编室）
网　　址：www.taimeng.org.cn/thcbs/default.htm
E - mail:thcbs@126.com

经　　销：全国各地新华书店
印　　刷：三河市天润建兴印务有限公司
本书如有破损、缺页、装订错误，请与本社联系调换

开　　本：880mm×1230mm　　　1/32
字　　数：166 千字　　　　　　印　　张：8
版　　次：2019 年 10 月第 1 版　印　　次：2019 年 10 月第 1 次印刷
书　　号：ISBN 978-7-5168-2439-9

定　　价：48.00 元

1

无论自己有多忙，只要一有人提出请求、邀请，很多人就会毫无原则地照单全收，全然不顾自己所付出的代价，还要夸奖自己："我是个好人。"

结果，你用尽全力，像"超人"一样忙来忙去，却连声"谢谢"也得不到，还被对方指责"成事不足，败事有余"。

然后，你带着困惑，委屈地问自己："我从不拒绝他们的任何请求，为此，我付出了大量的时间和精力，弄得自己精疲力尽，为什么他们却没有丝毫感激，还将这一切看成理所应当，甚至得寸进尺呢？"

是啊，到底为什么？与其埋怨自己和他人，不如先问问自己："为什么你不懂拒绝？"

2

或许你觉得自己与人为善，别人也会对你友善。与人为善没有错，但仅仅是为了得到周围人的认可，让每个人都满意，而牺牲自己的时间，那就不是单纯的"与人为善"了。这样的"善"是对冲突、批评、愤怒等消极情感的畏惧。

为了防止他人对你有敌意，你戴上了"善"的面具，而"善"的背后，是你深深埋藏在心底的自卑、恐惧、对人际关系缺乏信心等负面情绪。

还有人说，不是不想拒绝，是不懂得如何拒绝，碍于面子，不好意思拒绝……

好面子这种行为的本质，就是不自信。因为内心深处的自卑，让他们急于通过一些外在的东西，比如他人对自己的评价，来补偿回来。

一个人层次的高低，不是由社会阶层和金钱来决定的，而是取决于内心有没有底气，这跟一个人的阅历、格局和内心的丰盈息息相关。

层次高的人，目标性都比较强。他们知道自己要什么，对达到自己的目标也有很明确的规划，所以，不会太过在意旁人的评价和眼光。

相反，越是一无是处的人，越是在意别人的眼光，纠结于那些捕风捉影的议论，时时都要表现自己，处处都想证明自己。在他们的眼里，面子比什么都大。

3

拒绝到底有多难？

其实，一点也不难。你只要记得，关键是在说"不"的同时，也要设身处地地为对方着想，给别人多留一些尊严，对别人多给予一些体谅。这样的拒绝，不仅不会伤害双方的关系，反而有利于促进人际关系的和谐。

当然，如果你想拒绝得更漂亮，更巧妙，就要建立起自我轴心，赢得人际关系的主动权。

记住，在这个世界中，能对你负责的只有你自己。学会拒绝，是对自己负责的前提；也只有学会拒绝，我们才能建立他人无法左右的自我轴心。

人生需要拒绝的有很多，比如诱惑、欲望……生命之舟，只有轻装，才能远行。

本书文字通俗易懂，亲切感人，通过一个个故事和实例，手把手教我们如何真正有效地拒绝。当你读完本书后，相信在面对各种无理的要求时，你都能巧妙拒绝；当面对各种"人情陷阱"时，你都能轻松躲避。

做一个高层次的人，从懂得拒绝、学会拒绝开始吧！

第一章　有底气的拒绝，是高层次的成长　　　　　1

你叫喊着不将就，为何到后来却摆手说"算了算了"，继续过窝囊的、卑微的人生而不敢拒绝？

因为你觉得拒绝的成本太高。

因为，你没有足够的层次远离那些所痛恨的，批判那些所唾弃的。

你要强大起来，变得有底气拒绝，这才是最不容易走弯路的成长，是你通往理想人生的方向。

第四章 拒绝坏情绪，能享受美好也能承受糟糕

　　高层次，取决于一个人的心性、格局、眼界和价值观的总和。

　　在任何环境里，一个层次高的人，都可以发现美好和有趣的一面，并心怀感恩，把失去活成另一种获得。优秀的人，从来不会输在情绪上。

　　层次高的人，都会深入分析自己，首先了解什么对自己最重要，然后用有限的时间和精力，专注地追求，从而获得最大的幸福。

　　拒绝一些不能带来效用的物品，控制徒增烦恼的精神活动，简单生活，从而获得最大的精神自由。

　　人的层次不是由社会阶层和财富决定的，也不是由地域和出身决定的。

　　决定一个人层次的是他们的经验、阅历、眼界、价值观、格局、支配时间的方式以及人生的趣味。

　　人由于有了不同的层次，于是便有了不同的圈子。每个圈子里的人都有着那个圈子独特的群体特征。

　　群体特征的叠加，使得每个圈子都自带各自的能量场。高层次的圈子自带正能量场，而低层次的圈子则带着负能量场。

如果想要自己的人生充满阳光，那就请远离你身边的负能量场，远离那些带来消极作用的圈子！

想要做个高层次的人，你要懂得一个道理，叫"分寸感"。一个真正有分寸感的人，交浅从不言深，甚至亲友密己，也懂得保持距离。有了这样的底气，你才能决定，可以做什么，和拒绝做什么。

第一章

有底气的拒绝，是高层次的成长

你叫喊着不将就，为何到后来却摆手说"算了算了"，继续过窝囊的、卑微的人生而不敢拒绝？

因为你觉得拒绝的成本太高。

因为，你没有足够的层次能远离那些所痛恨的，批判那些所唾弃的。

你要强大起来，变得有底气拒绝，这才是最不容易走弯路的成长，是你通往高层次人生的方向。

有求必应？左右为难？压力山大？

高层次的人明白，拒绝是一种"量力"的表现，也能够决定你是否可以根据自己的节奏来决定做事的先后次序，而不是按照他人的节奏来进行。所以，你不必因为拒绝别人一件事而感到不好意思。

1

某个周五的下午，刘爽不停地唉声叹气："自己上班一周已经很累了，大周末就想轻轻松松休息一下，可现在还有这么多事儿等着，真的要累死了。"

原来，女儿的古琴考级下周三就要开始了，这个周六答应陪她去音乐学院老师那儿培训一下。可是，自己某个小姐妹就要结婚了，周六下午专门邀请自己陪着去选一下婚纱和礼服。偏偏不巧，那天自己妹夫生日，妹妹准备在家里搞一次大聚会，人手不够，她还得过去帮忙。

丈夫在一旁听她抱怨，一边笑一边幸灾乐祸地说："我还不了解你？整天就知道逞能，自己也不懂得推辞一下，那么多事情，我看你怎么忙得过来？"

刘爽郁闷地回答丈夫说："我都焦头烂额了，你还在这儿说我……没办法呀，既然已经答应了，我怎么好意思再推托呢？"

"那有什么难的，给他们打电话说有事情去不了，不就得了。"

"这……多不好意思。"刘爽为难了。

丈夫太清楚刘爽的性格了，她总是这样，纠缠于各种人情世故的小事，让她学着拒绝，简直比登天还难。别人只要一开口，她二话不说就会答应下来。有的时候确实忙不过来或者心里不情愿的时候，她担心别人不高兴也不会拒绝，更多时候还是碍于熟人情面，从心底里希望帮助别人。这样的后果就是把自己弄得疲惫不堪。

丈夫看到她这样慌张忙乱，实在可怜，便自作主张帮她给朋友和妹妹打电话说她有事，不能前去帮忙了。

简单的一句话就避免了诸多麻烦，当然，对方也没有生气，都表示很理解。

刘爽终于明白，拒绝别人也没什么不好意思的。

2

马悦然是一个个性独立好强的女孩子，大学一毕业，就独自在离家很远的地方上班。

某天，一位老家的同学突然联系她，说自己有一个富二代朋友张希要到马悦然工作的地方去旅游，希望她能够照顾一下这位朋友，有空的时候给张希当一下导游，带他四处转转。

马悦然听说过张希的名字，他的父亲是富豪，自己不工作，到处旅行。现在张希因为旅游来麻烦自己，马悦然心里并不愿意接待。于是，她果断拒绝了老同学的请求，还教育了老同学一番。马悦然说，做人要自强自立，不要有依赖，也别想着依靠谁。他想去哪里玩，可以上网查攻略，自己工作非常忙，没有时间接待他。

马悦然的拒绝有理有据，坚决果断，老同学听了也觉得在理，并没有觉得不愉快，反而更加敬重马悦然的为人，夸她有原则，值得信任。

助人为乐当然是好事，但最好是在自己能力范围之内，若超出了这个范围，助人就不再是快乐，而是沉重的负担。倘若因为勉强自己接受他人的要求而扰乱自己的步伐，最终就会被这种人情牢牢地套住，一环扣一环，无法脱身。

3

很多人认为，讨好别人是获取好人缘的最好方式，那么，对于别人的请求和要求，自然不能拒绝。或许，这样真的可以得到好口碑，可失去的却是你自己的生活。因为当你对别人的要求照单全收之后，生活的主动权也就拱手交给了他人。

每个人都希望自己成为高层次的人，拥有良好的人际关系，并且能够在人际交往中左右逢源、如鱼得水。然而，良好的人际关系，不是单靠你来我往就能做到的。想要提高自己的层次，不是一味做加法，也需要做减法。你必须学会拒绝，否则就会被各种人情套牢，被迫做自己不应该做、不愿意做的事，没有了自我，没有了自由的空间，平添了诸多烦恼和沮丧。

不委屈自己，也不伤害别人

有人认为，所谓层次高的人也是情商高的人，这个说法不无道理。一个情商高的人，会明白一味地取悦和过于坚决地拒绝都会让对方不舒服，只有用折中的方式，才能做到既不委屈自己也不伤害别人。

1

李刚毕业后就做起了生意，虽然有一定收入，但也有一些外债。李刚在大学里有个叫王静的好友，但毕业后就没怎么联系过。

一次，王静突然向李刚借钱，这让李刚十分为难：自己的手头也不算宽裕，借了有风险；不借又有损朋友的交情，实在不好拒绝。

最后，李刚便对王静说："你能在困难时想到我，真是信任我啊，但不巧的是我刚刚买了房子，也没有多少活钱了，你要是不着急的话，等过几天我的账结回来，一定借给你。"

对于这种对方着急有事相求，但我们确实在短时间内没有办法提供帮助的情况，以上回答方式是比较妥当的。需要注意的是，拒绝的时候一定要考虑到对方的实际情况和他当时的心情，言辞要坦诚，合乎情理，以免对方误会。

2

露露因为家中有事必须请一段时间的假，然而不巧的是，这段时间她正在准备和某位重要客户签约的事情，此时，对手公司也在使用各种手段来争取这位大客户，可谓正是工作的关键时刻。然而，家中的事情实在不能耽搁，自己此时又无法分身，她觉得很无奈。

露露突然想到了同事莉莎，平时就跟她关系不错，对方能力也挺强，这笔生意她一定拿得下来。于是便决定开口去请求她帮着维护一下这位客户，并跟他签约。

莉莎心里很想帮她，但最近自己的哥哥出了车祸，自己要一边照顾哥哥，一边处理工作上的事情，每天单位、医院两头跑，实在是分身乏术。而现在，自己的好友还要给自己安排这么重要的事情，莉莎一下子不知道如何是好。

思索再三，莉莎决定拒绝露露，她坦诚地跟露露讲："亲爱的，我家里最近出了很大的事情，我的哥哥出了车祸，家里没有其他人可以去照顾他，只有我了。我知道你的事情也很重要，但我实在是爱莫能助，要不跟领导提一下吧，可能他会有更好的安排。"

听了莉莎的话，露露很理解她，也很同情她哥哥的状况。最终，她将这个客户交给了领导让其自行处理。这样做，好友不用为难，自己也不会耽误工作，两全其美。

人与人之间是平等的，谁也不亏欠谁。

3

在拒绝他人的时候，有些人总是畏首畏尾，态度不够坚决，明明自己无法办到的事情，却不明确告知对方。这样的拒绝方式，会让别人觉得还有回旋的余地，进而与你继续纠缠。

而高层次的人，他们的拒绝一定是理由充分、态度坚决，不给对方留任何余地的。在顾及对方感受的前提下，理直气壮地把拒绝说出口，同时，又让对方感受到被照顾的心情，这才是最完美的方式。

想要做到这种高层次的拒绝并不难，很多无法说出口的拒绝都是因为一时找不到充分的理由，没有一个好的理由，你的拒绝就没有底气、没有力量，当然不能被别人理解和体谅。

一个充分的理由，不仅能解决自己的困境，还能照顾到对方的情面和感受，不至于让拒绝显得生硬而死板，没有人情味。

那么，什么样的理由才是充分且合理的，怎样拒绝才能让别人不觉得尴尬呢？

首先，真诚表达自己的意愿。

其次，要站在对方的角度考虑问题，比如我们可以这样来拒绝上司安排的额外任务："老板，我知道最近公司事儿多，您也花费了很多精力。但是这件事确实不是我的能力能办到的，我做不好，最后不仅会耽误时间，还会带来损失。"

对人太好不懂拒绝，竟然是种病？

要做个高层次的人，首先就要学会爱自己。而爱自己的第一条就是拒绝那些无理取闹的要求，远离那些消耗你的人。

1

明明本来正在赶文件，却被同事拜托去单位门口付费签收包裹；

明明在菜里吃出了一只小虫，却默默地夹走不惊动服务员；

明明很想回家睡觉，却开着车子把同事一个一个先送回家……

身边有位这样的朋友，你肯定觉得捡到宝了吧！可是心理学家认为，这统统是"友善病"的症状。

对人太好不懂拒绝，竟然是种病？

美国有位心理学家发现了一种名为"取悦病"的心理疾病，说的就是生活中的"老好人"现象。这些老好人对家人、朋友，甚至陌生人都有求必应。

据美国媒体报道，两位女士受到了各种不同程度的麻烦困扰，她们述说自己患上了一种奇怪的疾病，一种取悦他人的强迫症。

其中一位说，她受到了一种奇怪的欲望和想法的驱使，这种感觉驱动她不断地想要取悦他人，面对要求和命令，她为了让对方高兴，总是会很乐意地答应下来。

这两位女士都性格懦弱，害怕拒绝别人，害怕拒绝之后所产生的后果，所以习惯用取悦别人来换取信任和认同。

2

无独有偶，英国《每日邮报》也曾经刊登过一篇心理学家露西·泰勒写的关于老好人的文章，文章通过好友的亲身经历来分析这种现象。

露西·泰勒的一个朋友对自己生活中的一切关系都处理得很好，工作、家庭和朋友面面俱到，自己还带了两个孩子。她一边要在家照看孩子，收拾家务，一边还要照顾母亲。她的侄女每天也要跟她打电话诉苦、抱怨，讲自己的丈夫如何对自己不好，自己的孩子如何不听话，一说就是几个小时。电话那头一会儿哀叹，一会儿怒吼，她感觉自己就像个垃圾桶一样。

泰勒讲述，从表面上来看，这位朋友是大家眼中最善良无私的人。但在私底下，她却向泰勒坦陈，自己早就已经身心俱疲，烦恼透顶。

露西·泰勒分析说，从心理学角度来说，这种无法说"不"的老好人在于其没有建立起健全的界限意识。这个界限意识不仅是生理或心理上的，也是情绪上的。界限意识模糊的人，常常意识不到别人已经"越界"的请求，即使不情愿，也不会拒绝。

3

美国心理学家莱斯·巴巴内尔认为，"老好人"，难以对别人说"不"，这种过分的友善是一种病理状态，一种用来掩盖一系列心理和情感问题的性格特征，名为"看管人性格紊乱"、"取悦病"或"友善病"。这些人要改变长期以来的行为习惯才能解救自我。

实际上，"取悦病"的根源就在于取悦所有人的心态。这种心态让人过度友善，害怕被人拒绝，尤其是被自己所取悦的人拒绝。在他们看来，拒绝别人是一件伤面子、伤感情的事情。

这种过分取悦他人的滥好人，常常活在对拒绝和失败的恐惧中，充满自卑，失去自我。他们时常自我责备，对人际关系也缺乏安全感；不但无力抉择，还疲于追求完美，否则就会有被孤立的感觉。

要改变这种长期养成的"老好人"习惯，需要更多地了解自己的恐惧和担忧，多尝试对人说"不"。我们需要回应别人的需求，但不能为此违背自身的意愿。

因为爱别人前，首先要爱自己。

你希望别人礼貌地对待你，尊重你，首先就要向别人明确说明你的原则、底线以及为人处世的方式，让别人对你有一个心理预期。可以说，决定别人如何对待我们的关键因素恰恰是我们自己。

因此，想要成为一个高层次的人，首先就要清楚自己的权利和义务，当受到侵犯时，我们要采取坚决措施维护自己。

成就感和尊严，给你拒绝的快乐

凡是有素质的人，都认为对于那些自己所讨厌的人，用不着和他针锋相对；可是，一个层次高的人却认为，比针锋相对更不可取的是强颜欢笑，为的只是不愿意彼此撕破脸从而失了面子。这不仅委屈了自己，甚至还会让自己丢了尊严和原则。

1

有个公司，接待了一个潜在投资人。

这个金主是喜欢刁难人的。初次见面，他先给对方来个下马威，方便日后讨价还价；不仅如此，他还态度傲慢，百般挑剔，时不时冷嘲热讽一句"你们这样的小公司，我们一年要看几百个"。言下之意，我选择你们，你们应该感激涕零。

不过，对于金主，再难忍，同事们也都掐着自己的大腿，赔着笑脸。整整一天，每个部门都被折磨得精疲力尽，平时斗志昂扬的一群人个个垂头丧气。

午饭时间，连公司旁边的快餐店都仿佛充满了怨气。一想到自己未来的劳动成果要贡献一部分给这种人，员工们的心里就有种说不出的憋屈。

可就在下班前一分钟，老板发了一封全员邮件，邮件只有短短一句话："感谢大家今天的努力，经公司管理层决定，不接受该投资人的投资。"

老板其实没必要发这封邮件，高层领导的决定完全没有通知普通员工的必要。可老板还是这么做了。

公司同事们大呼解气，然后，整整一个星期，每个人都斗志昂扬，连那些平时踩着点下班的人都开始加班干活了。

这件事很快就在行业里传开了，很多人都对老板的拒绝竖大拇指，大家都感叹终于有人愿意站出来拒绝那些自以为了不起的金主了。还有一些人认为，公司一定是不差钱。

老板只说了一句话："不能委屈自己，不能没有尊严。"

是的，拒绝的底气与金钱无关，这就像层次和修养的高低与金钱也无关是一个道理。有人总是认为，拒绝是一种技巧。事实上，拒绝不止是简单的技巧，更是不违背为人原则之下的一种底气和实力的体现。

一个人要拒绝利欲诱惑，要么你有实力，要么你有底气。有实力，是因为觉得这一切我随时都能得到，何必弯下身来；有底气，是因为你有自己的尊严，即使现在不可得，但相信自己将来必然可以得到。

2

拒绝，自始至终都需要用实力和底气说话。

勇敢地对不想要的说"不"，跟勇敢去争取想要的，是一样的。也许你还不知自己想要什么，但在不断拒绝不想要的过程里，可以慢慢过滤出想要的东西，最后你的心会浮现出来，明净剔透。

龙应台说："孩子，我要求你读书用功，不是因为我要你跟别人比成绩，而是因为，我希望你将来会拥有选择的权利，选择有意义、有时间的工作，而不是被迫谋生。当你的工作在你心中有意义，你就有成就感。当你的工作给你时间，不剥夺你的生活，你就有尊严。成就感和尊严，给你快乐。"

我们一直在努力争取的便是这样的成就感和尊严，真正高层次的人知道，这两者让你有足够的底气可以选择、可以拒绝。

涨潮的时候，很多东西都会争先冲到浪尖，但潮水终会退去，蜂拥而至的一切也会随下一波浪潮而去。你要告诉自己，莫要被左右冲散。待到浪潮退去后，那个清汤挂面的你，不再追随别人的潮涨潮落，自有一片大海洋，那便是真正的自由。

高层次的人，从不答应无法兑现的事

既然许下了诺言，无论刀山火海都不能反悔——你不能言而无信。

所以，高层次的人，不会轻易向人承诺——不轻易向人许诺你可能办不到的事。

这是不失信于人的最好方法。

1

小李在银行工作。他过去的老师想开一家公司，但缺少资金，便去问他能不能帮忙贷款。他想："这是老师第一次找自己帮忙，怎么能拒绝呢？"当即一口答应。

可是，他毕竟刚参加工作不久，还没什么资历，老师的贷款请求又不完全合乎章程，所以，当老师租好门面，请好员工，等着资金开业时，他这里却拿不出钱来。

老师大怒，责备他说："你这不是捉弄我吗？你即使不想帮我，也不该害我！"他能说什么呢？只能苦笑几声。

有些人是不好意思拒绝别人而向他人承诺，而有些人则喜欢胡乱吹嘘自己的能力，随随便便向别人夸下海口，承诺自己根本办不到的事情。结果不但事情没有办成，自己的人缘也搞差了。

要获得守信的形象并不容易。最要紧的一条是，别答应你无法兑现的事。这不仅是一个主观上愿不愿意守信的问题，也是一个有无能力兑现的问题。

2

《郁离子》一书中有如下一则故事：

济阳某商人过河时船沉遇险，他拼命呼救，渔人划船相救。商人许诺：你如救我，我付你 100 两金子。渔人把商人救到岸上，商人只给了渔人 80 两金子，渔人责备商人言而无信，商人反说渔人贪婪。渔人无言走了。不巧，这商人后来又乘船遇险，再次遇上渔人。前次救商人的渔人对旁人说：他就是那个言而无信的人。众渔人停船不救，最后商人淹死在河中。这就是轻诺寡信或言而无信的后果。

当朋友托我们给他办事时，我们提供帮助是在情理之中。但是，办事要量力而行，不要做"言过其实"的许诺。因为，诺言能否兑现，除了个人努力的问题，还有一些客观条件的因素。平时可以办到的事，由于客观环境变化，一时又办不到了，这种情形是常有的事。

因此，我们在朋友面前不要轻率地许诺，更不能明知办不到还要打肿脸充胖子，在朋友面前逞能，许下"寡信"的"轻诺"。

当你无法兑现诺言时，不仅得不到朋友的信任，还会失去更多的朋友。

3

手中握着一点权力的人更应注意，因为你有权，别人托你办的事儿肯定多。这时你应该讲点策略，不能轻易答应别人。有的朋友托你办的事儿可能不符合政策法规——这样的事最好不要许诺，应该当面跟朋友解释清楚，不要给朋友留下什么念头，不然，朋友会认为你故意不帮忙；有的朋友找你办的事儿可能不违反政策，但很有难度，那就跟朋友说明，这事难度很大，自己只能试试，办成办不成很难说，让他不要抱太大希望，这样做是给自己留有余地，万一办不成，也有个交代。

当然，对于那些只是举手之劳的事情，还是要帮的，但答应了后，无论如何都要办好，不可今天答应了，明天就忘了，待朋友找你时，你会很不好看。

我们在这里强调不要轻率地对朋友做出许诺，并不是一概不许诺，而是要像高层次人士那样，学会三思而后行。尽量不说“这事没问题，包在我身上了”之类的话，给自己留点儿余地。

在高层次人的眼里，任何顺口的承诺，都会是一条勒紧自己脖子的绳索。

“口是心非”最后只是委屈自己

明明不感兴趣，偏偏说自己喜欢；明明很在乎，却要假装一点也不在意；明明很关心，却要表现得不屑一顾；明明很反感，却要摆出一副虚伪的笑脸……当真相被披露出来的时候，你只会让自己陷入为难的境地。用牺牲自己个性、尊严乃至健康的方式去换取别人的好感，不是太委屈自己了吗？

1

小董今年 30 岁，因为一直忙于打拼事业，个人的感情问题一直没有解决，时至今日还没有女朋友，这可把家里人都急坏了。亲戚和朋友不停地给他介绍女孩认识，可小董始终觉得自己应该"先立业，后成家"，便都婉言谢绝了别人的好意。

有一次，单位的领导把自己的亲侄女介绍给了小董。小董本想拒绝，可又担心伤了领导的面子，就勉强应了下来，口是心非地说了句："好吧，我去。"

见面当天，小董高挑俊朗的外表和温文尔雅的谈吐都给女孩留下了深刻的印象。回去以后，女孩和介绍人说明了自己的想法：她愿意和小董继续交往下去。

而对小董来说，他之所以会去相亲，只是碍于领导的面子，所以本身就没抱着继续交往的想法。虽然那个女孩各方面条件也不错，可由于小董根本就没这方面的心思，所以也谈不上有什么好感。当领导向他询问见面后的感觉时，他犹豫了一下，只是淡淡地说了句："相处一段时间看看吧。"

起初，小董觉得虽然自己心里不愿意，但直接讲出来会伤了领导和女孩的面子，只要自己不冷不热地应付着，事情早晚会拖黄。可天不遂人愿，他的一句"相处一段看看吧"，被女孩会错了意，误以为小董对她也很满意。于是女孩每天不停地给小董发微信、打电话。小董虽然心里不愿意，嘴上却一直没有拒绝。

就这样，两个人糊里糊涂地相处了一个月，像其他情侣一样，他们也一起吃饭，一起逛街，一起看电影。

一天，小董正在忙着工作，女孩打来了电话："你到底喜不喜欢我？"也许是觉察到了小董的冷漠，女孩几天来已经是第三次问他同样的问题了。女孩的执着终于让小董说出了自己的想法：他从一开始就没有想过要和女孩交往。

听了小董的话，女孩像发疯一样，一边哭一边向小董咆哮道："我恨你，真的好恨你。如果你从一开始就不想和我相处，为什么那天见面你还要去？为什么你同意继续相处？为什么你还说喜欢我？"

女孩一连串的发问让小董哑口无言。第二天，同事们都在背后对他指指点点，说他人品不好，欺骗人家女孩的感情……

此时的小董恐怕已经百口莫辩了。

他自认为出于好意，不愿意拒绝领导的好心，也不想伤了女孩的感情，所以才不愿意直接道出实情，而是口是心非地敷衍着。可令他万万没想到的是，正是他的这种"好心"，不仅促成了一段短暂而又荒谬的感情，更给对方造成了深深的伤害。

2

小袁经常和几个同事一起到下面的工厂去进行安全检查。有时候他们要顶着烈日奔波很远的路程，细心的小袁包里经常会带两瓶矿泉水。

有一次，一个同事感冒了，在路上又没有带水，小袁出于好心就把自己的水让给他喝。可没想到从此以后，同事们都知道小袁包里有水，便再也不自己带水了。每当口渴的时候，他们便毫不客气地向他要水喝。起初，小袁不好意思拒绝，只好自己渴着，把水分给别人。

可小袁的善意没有得到好报，同事中开始有了很多流言蜚语："小袁真不厚道，把水分给小李却不愿意给我。""小袁这人真自私，才给我留下那么一点水。"

面对这些非议，小袁再也无法沉默，当同事又一次向他要水喝时，他不再怕伤了同事之间的感情，而是直接拒绝："我的水是留给我自己喝的，请你们以后自己带水，否则就渴着吧。"

小袁严厉的呵斥让那些已经习惯伸手的同事颇感意外，他们的心里对小袁也都产生了敬畏，从那以后便开始自己带水了。

3

口是心非就是指心口不一，心里想的和嘴上说的完全是两回事。我们可能是为了不让别人受到伤害，可能是为了隐瞒某些真相，可能是为了博得什么人的好感，可无论出于怎样的目的，这样的言不由衷是不应该的。

当别人对你的谎话信以为真的时候，这样的"好心"便成了一种欺骗。

我们都应该诚实一点，不要因为"口是心非"而不敢表达内心真实的想法。尽管这些想法有的时候真的很伤人，那也好过戴着虚伪的面具，昧着良心说谎话。

猜忌、顾虑、多疑，让人际关系变得越来越复杂，越来越不真诚。如果所有的交往都披上了虚伪的外衣，如果所有的交流都变得口是心非，那么这对所有人都是一种伤害。

顺从别人让对方满意，似乎是表达自己善意最好的方式。但任何事情都有其两面性，如果妥协过了头，就变成了姑息和纵容。

所以，一个高层次的人，从不用牺牲自己个性、尊严乃至健康的方式去换取别人的好感。不想做就直说，不用担心伤了感情，尤其是在对方提出明显对自己不利的要求时。

亲，把面子丢进太平洋吧

社会上的人并不是只关注你一个，你也不是大家都在谈论的主角，因此，完全不必过分在乎别人对你的看法，只要记得做好自己，问心无愧就可以了。

1

从前，一个老爷爷带着孙子，准备将一头驴牵到市场卖掉。路上，老爷爷听到一个路人说："这祖孙俩真傻，有驴不骑。"二人听后觉得有道理，便一起骑上驴背继续赶路。

走了不久，两个人就看见一个路人对自己指指点点，说："这祖孙俩真是狠心啊，两个人骑驴，驴还不被压死。"

老爷爷听了路人的话之后觉得也有道理，便赶忙下来，让孙子一人骑在驴背上，自己牵着驴走在前面。

过了不久，一个老太太走到他们面前，说："这个小孩子真不懂事，自己是舒服了，却让老人家走路。"

老人听了，又觉得老太太说得有道理，便让孙子下来，他自己骑上驴。

等他们走到街上的时候，三五成群的妇女又对他们指指点点，说："唉，这个老人也太没有爱心了，小孙子可是受苦了啊！"

听后，老人顿时脸上一红，不知所措起来，几番折腾之后，这祖孙俩只能抬着驴走了。

相信大家对这个故事并不陌生，总是在乎他人言语的爷孙俩，最终闹出了笑话，值得人反思。

法国哲学家萨特说过："他人即地狱。"

每一个人或多或少都会被他人的目光裹挟，很在意他人对自己的看法。更有些人，由于过分在意别人的眼光，总是随着别人的意见转，甚至失去了自我，追随着别人的看法生活。

人都是具有社会性的，因此难免生活在别人的眼光之下，卷入别人的价值观里，并因此而苦恼。

这其实是我们的一种心理错觉，我们高估了自己在别人心目中的地位，努力想去扮演一个完美者的形象来取悦大众。打个比方，我们在公众场合被绊倒时，往往首先不是觉得疼痛，而是觉得丢了脸。

2

一个姑娘，作为城市空巢女青年，分享了她的一些看法。

她说，现在一个人生活自在又丰富，如果有个值得的人进入她的生活，她也会享受其中，但在此之前，她不会妥协于任何形式的催婚，不管是父母还是七大姑八大姨或好事者的闲言碎语。

她认为，选择了一种偏离大众观念的生活方式，必然会承受相应的压力。这部分压力对她而言不算小，但也还在可接受的范围内。

她说，除了不断强化自己的内心外，还必须元气满满地努力赚钱。要想捍卫自己选择的自由，稳定的经济基础是重要的一部分，它足以让自己应付三部分压力。

一个人生活的时候需做好应对突如其来的变故、病痛、磨难的准备，这需要一笔金钱，有一定的经济基础把自己照顾好，这是其一。

她会定期开车带父母出去旅游，给父母买东西，让父母知道她一个人生活条件也不差。父母从一开始为她的终身大事焦灼，到后来也慢慢理解和放心了。一个人照样能生活得很好，并超出父母的预期，他们就会宽心不少，施加在自己身上的压力也会减少。这是其二。

对于好事的三姑六婆，倘若你一个人生活得挺艰辛，他们的闲言碎语里会多点怜悯的成分，而这些怜悯是带有轻视色彩的，是一种他们所信奉的价值观对你施加的轻视。

一个人生活不是问题，一个人无法生活得很好才是他们真正担心的。他们觉得一个女孩子不找个人依靠会过得很苦，老无所依，但如果让他们看到自己一个人也活得富足又自在，这部分闲言碎语也就不那么尖酸了。这是其三。

这个姑娘无疑是个层次高的人，她一直在强化自己说"不"的能力。

3

很多不懂拒绝他人眼光的人都是好面子之人，非常在意自己在他人眼中的形象。事实上，就像我们无法喜欢所有人一样，一个人是不可能被所有人都接受并且喜欢的。这不可能，也没必要。

在你熟知的人群中，如果有五分之一的人喜欢你，有一半的人认为你很普通，有十分之三的人讨厌你，你就已经非常成功了。有时，即便我们自己被他人讨厌，也并不意味着我们本身很坏或有很多缺点，这很可能是因为我们和他人之间性格和价值观上的差异造成的。

从另一个角度来讲，我们认为自己受到别人的关注，或许只是一种错觉。毕竟，大家都很忙碌，大部分时间会花在自己的事情上。所以，即使我们做了什么可能让别人觉得奇怪的事情，过不了两三天对方也就忘记了。几乎不会有人永远记住我们的失误或者错误。甚至，偶尔犯下的错误可能会让我们表现得更真实，变得更加容易亲近。

　　当然，当别人议论或反驳我们时，我们心中产生一定的羞愧、恼怒感也是十分正常的。很少有人在被人议论时还能够保持泰然自若的态度。这时要告诫自己理性分析对方的议论，思考问题是否确实存在。如果确实存在，那就坦然接受并改正；如果议论有不恰当的地方，便可以不予理会，自己走自己的路就好。

　　总之，高层次的人，无须为了别人的想法而改变自己的生活方式。高层次的人，有接纳与宽容之心，且敢于拒绝——拒绝做自己不想做的事情，拒绝为了面子而答应别人，拒绝过凑合的人生。

第二章

拒绝，一门高层次的艺术

　　一个高层次的人，通常都掌握着必要的拒绝技巧——它不是说"不"那么简单。如果方法合适，对方不但不会怪你，反而觉得你可交；如果方法不合适，轻则导致对方不满，重则对你怀恨在心。

　　所以，拒绝是门高层次的艺术，如何运用并不容易。遇到不同的请求，就要采取不同的措施，或直接，或委婉，让对方知难而退，避免给自己添麻烦。

婉拒比直说更高明

有人说，直接拒绝，是最简单的方法，但这很容易伤害他人，且对解决问题往往无益，甚至会使事情变得更糟糕。于是，如何婉转地拒绝，就成了我们必须要向那些高层次人士学的一门学问。

1

罗斯福在担任美国总统前，曾在海军担任要职。

有一天，一位朋友有意无意地问起了海军在加勒比海一个小岛上建立潜艇基地的计划。

罗斯福知道这些计划属于军事机密，即便是最好的朋友也不能随便相告。但考虑到朋友关系，他又不好意思直接拒绝，于是就故意向四周看了看，装出一副很神秘的样子，压低声音问"你能保密吗？"朋友自信地说："当然。"听了朋友的回答，罗斯福笑着说："既然你能保密，那么我也能，所以我不能说。"

罗斯福的话让朋友感到惭愧，之后再也没问过相关的问题。

拒绝是一门学问，弄得不好不仅会伤了情面，还会让自己丢了名声。而罗斯福在拒绝别人时就很注意策略，让对方自己"拒绝"自己。

所以，我们在拒绝别人时，首先应该在态度上，注意以下几点：

第一，先让对方把想说的话讲完，在对方说完内容后要有片刻的考虑，以示重视。否则，无理地打断并拒绝对方，会让对方觉得你冷漠无情，不懂礼数，从而让他人对你产生偏见。

第二，不要无情地拒绝对方。被拒绝本就是一件让人难过的事，此时，你应该设法安慰他，让他感到你之所以会拒绝也实属无奈，同时也能感受到来自你的关心和体贴。

第三，不要以傲慢的姿态拒绝对方。傲慢的姿态显得你盛气凌人，在被拒绝以后，对方会觉得自己受到了侮辱，自尊心受到了伤害，那么自然会对你怀恨在心。

2

江松和王晨同时应聘去了一家公司的业务部任职。在试用期间，他们总是会接到很多供货商的电话，希望跟他们合作。

江松接到供货商的电话，都是先去问领导，得知领导没有合作意向，就直截了当地说："我们领导说了，暂时不会考虑和你们合作。"如果对方再次打电话来，他就会说："上次已经说了，合作是不可能的，为什么还要打来？没什么事情我就挂了。"

很快，江松"直言不讳"的性格就传开了，很多人都说，这个公司的员工素质差，蛮横无理，没过多久，公司领导便不允许江松再负责业务方面的事宜了。

王晨也接到同样的电话，但他总是在对方讲完以后，很客气地告诉对方："感谢您的来电，不过领导现在不在公司，我可以记录下您的具体合作意向，然后转交给领导，至于最终是否会与您合作，那就只能由领导定夺了。"

事后，王晨在工作记录中整理出了这些供货商的电话，给领导过目，当然，他心里也清楚领导没有合作的意向。于是下次这些供货商再打来询问进度时，王晨就会告诉对方："不好意思，我们公司有明确的分工职责，商业合作的事宜并不是由我来负责，所以具体情况我也不了解，您再耐心等一下。"或者说："您的要求我会帮您记录传达的，一有消息，我会第一时间电话通知您。"

很多时候，王晨还会暗示说："据我了解，我们公司的仓库已经囤积了大量的货物没有卖出去，估计领导暂时不会引进新的产品，但是您的意向我一定会传达到。"

久而久之，对方就懒得再打电话过来，这件事也就不了了之了。但是很多人都记住了王晨，认为他态度特别好。

试用期结束后，公司留下了王晨。

3

由此可见，同样是拒绝，婉转拒绝比直接说"不"要高明得多。

大家可以学习一下策略：

第一，学会绕圈子拒绝法，即不直接说出拒绝的话，就能让对方明白意思。比如故事中王晨的暗示法。让对方哑口无言的同时，也能让对方充分理解到你的难处，从而不会再继续为难你。

第二，用隐晦的词句向对方暗示，以达到拒绝的目的，也好让对方下得来台。不管在什么样的场合，别人讲完话以后首先要向对方表示感谢，毕竟对方愿意向你提出请求，也说明他们对你比较信任和认可。拒绝对方时的语气要婉转，不要太直接。

第三，适当贬低自己，能减少对方的失落感。比如，当不能提供帮助的时候，不要直接说"我不能帮你"，而要说："我很想帮你，但这件事情我实在无能为力。"

第四，拖延和冷处理。把答复的时间稍微拖后一点，可以说："让我想想好吗？""如果可以的话，我之后第一时间和你联系。"这比直截了当地拒绝容易一些。但需要注意的是，切记不要拖延太久，让对方苦苦等待却希望落空，那样反而更伤人。

在拒绝的同时，给对方一个台阶下

大部分人拒绝别人后，总免不了让双方关系出现裂痕。要避免这种情况其实也不难，高层次的人懂得，在拒绝的同时，给对方一个台阶下。

1

本田宗一郎是日本著名企业家，本田汽车的创始人。一次，一位名叫金六郎的青年来拜访本田宗一郎，想把一块地卖给他。

本田宗一郎听完金六郎的陈述之后，并没有做出买或者不买的直接回答，而是在桌上拿起一些看上去很像纤维的东西给金六郎看，并且问他说：“你知道这是什么吗？”

“不知道。”金六郎诚实地回答。

“这是一种新发现的材料。我想用它来做本田汽车的外壳。”本田宗一郎详细地向金六郎讲述了一遍，谈论了这种新型汽车制造材料的来源和特点，又讲到了明年汽车制造方面打算采取何种新的计划。这些内容让金六郎摸不着头脑，但他也没有机会打断本田宗一郎的讲话。一直到最后，金六郎终于明白其实本田宗一郎对他的土地并没有很大兴趣，于是只得告辞。

如果本田宗一郎一开始就把自己的想法告诉金六郎，那么按照业务员本性，他一定会问个究竟，并且想方设法劝说本田，让他买下这块地。他转换话题，就很好地让对方知难而退并不伤和气。

2

小米刚进入大学，总会遇见不知道如何拒绝别人的情况。比如，室友不想去上课，便让他帮忙答到，如果老师点名就应付说一声"到"，反正老师低头点名，又不"对号入座"。刚开始时，小米很乐意帮忙，然而随着次数越来越多，她就不乐意了。有一次她被老师发现了，还被狠狠地批评了一顿。

那以后，一旦室友让她帮忙答到，她就和室友说："老师检查旷课同学比较严格，我这边恐怕不行了，要不然你问问其他同学，不好意思啊。"这么说其实就是在告诉她：我帮不了你。只不过，小米没有直接生气地说，而是温和地提出自己的看法来拒绝别人。

有时候同学问她借了钱，碍于情面与朋友关系，她又不好意思要，便只能吃了这哑巴亏。虽然安慰自己，钱也不多，就算了吧，但心里还是很委屈。

几次后，她不愿意再委屈自己，便先主动向同学诉说自己的穷，而不是一脸严肃地拒绝。她说："我经济状况也不好，父母给零用钱很严格，最近也穷，不好意思啊。等我周末做零工挣到零花钱了，再帮你渡过难关。"渐渐地，也就没有同学问她借钱了，且关系并没有因此而变得紧张。

巧妙地拒绝他人，是懂得为对方留退路留台阶下，而不是让对方尴尬，更不是让对方觉得他处于无路可走的绝境而死皮赖脸地求你。懂得巧妙拒绝别人，是为自己铺路，让自己的朋友路越走越宽阔。

3

如何给对方台阶下呢？高层次的人提出了几点策略供参考。

第一，不露声色。既能让对方体面地"下台阶"，又尽量不让在场的旁人觉察，这才是最巧妙的"台阶"。

第二，要注意用幽默语言作为"台阶"。

作家冰心在美国访问时，一位美国朋友带着儿子到公寓去看她。他们谈话间，那位壮得像牛犊的孩子爬上了冰心的床，站在上面拼命蹦跳。如果直截了当地请他下来，势必会使其父产生歉意，也显得自己不够热情。于是，冰心说了一句幽默的话："请你的儿子回到地球上来吧！"那位朋友说："好，我和他商量商量。"这样说既达到了目的，又显得风趣。

第三，要注意尽可能地为对方挽回面子。你在给对方提供"台阶"的同时，如能提出某些措施，为对方面子上再增添一些光彩，那是最好不过的了，会使对方更加感激你。

撒个善意的谎，友谊的小船永不翻

正如美国著名作家和演说家马克·吐温说的那样："我们都说过谎，也都必须说谎。因此聪明的话，我们就应尽快地训练自己能体贴地说谎。"高层次的人不是不善良，但是，有时候选择用委婉的方式去拒绝别人也不会不妥。因为直接拒绝别人，会显得自己冷漠无情，让友谊的小船充满危机感。

1

为了赚取上学的费用，吉姆找了一份工作——照顾年迈独居的威廉太太。吉姆的工作做得勤快而利索，深得威廉太太的信赖。

有一天晚上，老太太跑到吉姆房间前敲门，对吉姆说："吉姆，很抱歉打扰你，我的安眠药吃完了，一直睡不着，不知你身边有没有？"吉姆从来不吃安眠药，但他不愿意让老太太失望，就对她说："你先回去吧，一会儿我把药给您送去。"老太太走后，吉姆很快冲到楼下，跑到食品室取了一粒大豆。

吉姆知道威廉太太眼神不好，无法分清大豆与安眠药。吉姆对威廉太太说："这是一颗大号安眠药丸，很管用，你服下后很快就会入睡的。"

33

老妇人服下那粒"大号安眠药丸"后，很快就睡着了。第二天，她还对吉姆说，他给的安眠药真的很好用，她因此睡了有生以来最好的一觉。从此，她几乎每天都要求吉姆给她一粒"大号安眠药丸"。

直到现在，威廉太太仍然认为，吉姆给她的是难得的"安眠药丸"。

2

张萍平时工作很忙，好不容易到了假期，打算去九寨沟旅行。她发了朋友圈后，有一个朋友看到了，刚好那个朋友也要请几位同事一起自驾到四川去玩，便极力邀请她同行："那边所有食宿出行的事宜我都已经安排好了，你一个女孩子，就和我们一起吧，不仅省了路费，我们也好照顾你。"

起初，张萍一再推辞。可朋友很热情，弄得她很不好意思，最后实在没办法就答应了下来。

但旅途中发生的一些事情让张萍的心情很糟糕。朋友和他的同事，住的都是豪华酒店，吃饭的地方也都是高级餐厅，这大大提高了张萍的出行成本。不仅如此，吃饭时，那些人不喝得烂醉如泥不肯罢休，去了景点又不停地让她给他们拍照……张萍真的无法适应这样的旅游方式，她想自己走，但又不好意思说。

后来，张萍让公司的一个同事给她打电话，谎称公司有事情，她要提前回家。朋友信以为真，她这才得以"解脱"。

这样的撒谎，其实也是出于善意，生活里的很多真相不知道远比知道要好。如果张萍直接和朋友道出实情："我和你们几位的性格不合，对旅行的理解也差距很大，所以我准备离开你们，单独上路。"那么听了这话，那位朋友会怎么想？自尊心会不会受到伤害？他会不会觉得自己好心没好报？以后彼此还要不要见面？……

我们在生活中总是要面对不同的人和事，如果不想委曲求全，在各种"不好意思"之中感到迷失，就要学会偶尔撒个小谎。

3

善意的谎言和恶意的谎言最大的区别是动机不同。

善意的谎言发自于善良的动机，以维护他人利益为目的和出发点。它可以使人们的感情变得更融洽、和谐，生活变得更有滋味；它可以让人们巧妙地避免冲突，实现情感沟通和顺利交往。

而恶意的谎言是为说谎者谋取利益，表现为强烈的利欲、薄弱的理性，不惜伤害他人，把利用他人作为手段。

在所造成的后果上，两者也是截然不同的，善意的谎言带来的是温情和融洽，而恶意的谎言带来的是厌恶和仇恨。

我们在生活里也会遇到类似的情况，要拒绝对方的某些要求而又不便说明理由时，可以找个恰当的借口。这样不仅不会遭到对方的责怪，也能让自己顺利回避对方的要求。

比如，有人约我们晚上去吃饭，可我们并不怎么喜欢对方，这时候直接告诉对方拒绝的理由会令彼此都很尴尬，于是就可以撒谎说："谢谢你的邀请，其实我真的很想去，只不过今天晚上我已经有约了，咱们下次吧。”这种善意的谎言既不会伤对方自尊，也能达到婉拒的目的。

我们反对那些为谋私利恶意伤人的谎言，但是善意的谎言却无伤大雅。它是一种处世的智慧，是一种体谅他人的品质。

在恰当的时机撒个小谎，不仅能轻松摆脱不喜欢的人，更能够促进人际关系的和谐，使我们在处理生活中的事务时更加游刃有余。

给你的“不满”穿件“糖衣”

我们都会遇到让自己不满的事情，尤其在工作中，面对一些不合理的要求，我们都想拒绝。

那么，应该如何把这种不满表达出来呢？这也是一种高层次的修养。直接说明是最简单的方法，但这很容易伤害他人，对于处理问题往往无益，甚至会使事情变得更糟糕。

1

小青最近因为任务繁重已经连续一周加班到晚上十一二点了，可是领导对于她的工作进度依然不满，还当众批评她，对此，她很委屈。

就在领导第二次批评她之后，小青决定跟领导"摊牌"。

"吴总，我知道咱们保证进度非常重要，但我天天忙到深夜，就这样您还批评我。其他同事没啥活干，却没事，这样不公平。"

这下领导不高兴了，我批评你还错了，那这个领导你来当吧？偏偏小青又来了一句："我觉得吴总您对我有偏见，那么多任务我天天加班也完不成啊。我要求减少我的工作量，不该我做的事情，就不能派给我。"

那以后，领导彻底减少了小青的工作量——把她彻底晾在了一边，项目结束的时候，小青拿的分红是最少的。

另一位同事小张，也遭遇到了小青这样的问题，但小张是这样说的："吴总，我知道保证进度是咱们共同的目标和期望。这两周我每日加班加点，也没能赶上进度，实在是对不起，请吴总原谅。"

领导立刻回答说："不要紧，新人嘛，多学习学习，有什么不懂的地方可以去问老员工。"

过了几天，小张说："吴总，××姐对我很好，我跟她学到了很多知识，但××姐自己也有很多事情要做，我觉得目前我们要赶的是进度，为了不影响整体的进度，您看是不是可以给项目增加点人手？这样既能保证进度也能保质完成。或者，您看能否根据工作量将时间顺延一些？这样我也可以保证进度。"

结果，领导派了一些老员工分担了小张的一部分工作。

2

直接说明是最简单的方法，但这很容易伤害他人，对于处理问题往往无益，甚至会使事情变得更糟糕。于是，如何表达不满，就成了我们必须要学的一门学问。

首先，先调整好自己的情绪，再去面对别人。

每个人都会面对不同的压力，你不说出来，对方也许根本没意识到你的感受，所以，你有责任表达。化解了自己的负面情绪后，再理性地思考一下，你和对方沟通希望达到怎样的目标？要求对方在行动上做出哪些具体的调整和改变？这是你需要向对方清晰表达的。

其次，任何时候，对事不对人。

即便是很情绪化的时候，也要清楚，我们只是因为对方的某个行为而不满。千万不要因为一件特定的事，全盘否定、憎恨一个人，破坏了彼此的关系。

每个人都会犯错，但每个人也同时渴望得到他人的尊敬、爱和宽恕。所以，试着用积极的口吻对话，肯定你对对方的理解、支持或喜爱，并且在最后提出积极、具体的新方案。

保持对对方的尊重和理解，会让沟通轻松、有效得多。

你可以参照这样的格式："某某，我很欣赏／感激你（指出对方让你钦佩的特点），但是，最近发生的（简单描述对方的行为），让我感到很失望／心烦意乱等（用简单的词表达你的情绪）。因为何事（简单描述对方行为导致了什么不良后果，比如给你带来了什么具体麻烦）。我希望怎样（指出你期待对方做出怎样具体的改变）。"

3

表达不满并不复杂，只要你能为自己不满的言辞包裹上一层外衣，让对方听得顺耳一些，对方一般都能欣然接受你的意见、建议。

一是侧面点拨。

即不作直言相告，而是从侧面委婉地点拨对方，使其明白自己的不满。这一技巧通常借助于问句的形式表达出来。

二是找个借口，给对方台阶下。

有些人之所以在交际活动中陷入窘境，常常是因为他们在特定的场合做出了不合时宜或不合情理的事情，于是造成整个局面的尴尬和难堪。在这种情形下，最行之有效的打圆场的方法，莫过于换一个角度或找一个借口，以合情合理的解释来证明对方有悖常理的举动在此情此景中是正当的、无可非议的和合理的，这样一来，对方的尴尬解除了，正常的人际关系也能得以继续下去。

三是求同存异，强调事件的合理性。

有时局面难以缓和的原因往往是彼此的争强好胜情绪和较劲心理。因此，我们在打圆场时可以抓住这一点，求同存异，帮助争执双方灵活地分析问题，使他们认识到彼此观点的合理性，进而停止无谓的争吵。

四是善意曲解，化干戈为玉帛。

在交际活动中，交际的双方或第三者由于彼此言语之间造成误会，常常会说出一些让别人感到惊讶的话语，做出一些怪异的行为举止，从而导致尴尬和难堪场面的出现。当遇到窘境或尴尬时，我们可以通过幽默的解说将尴尬化解。只有通过委婉幽默的方式加以表达，让对方笑着接纳，意见才能真正有效地传达。

某次，马克·吐温去一座小城。临走时，朋友告诉他那里的蚊子特别厉害。果不其然，那座城市的蚊子很多，再加上马克·吐温入住的旅社没做好防蚊工作，旅社里到处可见嗡嗡乱飞的蚊子。于是，马克·吐温在登记房间时笑着对侍者说："贵地的蚊子果然聪明，它竟然知道来看我的房间号码，以便晚上好好饱餐一顿。"

侍者听后哈哈大笑。

那一夜，马克·吐温睡得很好。因为服务员也记住了他的房间号码，提前进房做好了灭蚊防蚊的工作。

记住，你在对某人某事表达不满前，你想要"甩手不干"前，首先应该做的是重新思考一下事情的来龙去脉：你是否误解了对方？误解了某事？如果一切都是误会，大家只要开诚布公做好交流沟通，一切矛盾都会自然化解。

幽默——真正意义上的高层次拒绝

以幽默方式拒绝别人，不但可以为他人留面子，还能使别人产生被尊重的感觉。学会了幽默拒绝，双方不但不会因拒绝而伤和气，反而会拉近距离，加深友谊。这是真正意义上的高层次拒绝。

1

一位演技出众、姿色迷人但学历不高的演员，非常崇拜萧伯纳的才华。由于出身高贵、长相迷人，再加上父母的宠爱，使她多少有一些高傲，认为自己足以配得上萧伯纳。在一次宴会上，她和萧伯纳相遇了，她充满自信，以最动听的声音对萧伯纳说："以我的美貌，加上你的才华，生下的孩子，一定是最优秀的！"

大文豪萧伯纳听后，微微一笑，彬彬有礼地说："您说得对极了。但是如果这个孩子继承了我的貌和你的才，那将是怎样的呢？"

萧伯纳的拒绝之意在幽默的言语中充分体现出来了，这位女演员先愣了一下，然后明白了萧伯纳的言外之意，失望地离开了。不过，她并没有因此而讨厌萧伯纳，反而觉得他非常绅士，且非常幽默。

41

2

任何人都不希望"品尝"被拒绝的滋味，也不愿意将拒绝的话说出口，可是，迫于需要又不得不说。此时，如何把拒绝的话说得更动听就成了一个关键问题。

怎么样才能让别人痛痛快快地接受自己的拒绝呢？不妨在拒绝中加些幽默。

用幽默的方式拒绝别人时，你可以参考以下几点。

第一，用自黑的方式拒绝别人。

有一位"妻管严"被老婆管得服服帖帖，每逢周末都要在家里大扫除。

一次周末，几个老同学约他去打网球，以前，只要他一听到"打网球"三个字，就会很兴奋，可那毕竟是以前，如今他被老婆管着，只能将爱好收起来。他对同学说："其实我是个网球迷，可自从成家以后，周末就被老婆没收了啊！"同学们听后哈哈大笑起来，也就不再勉强他了。

有时候，用自黑的方式拒绝别人，更容易使人接受，值得注意的是，这里所说的自黑并不是真的自我贬低的意思，而是一种幽默方式。它可以使拒绝的话听起来更顺耳，更能令人接受。

第二，用不切实际的方式拒绝别人。

在生活中，经常会遇到一些不切实际的事情，遇到这种情况时，最好的办法就是提出比别人更荒谬的提议去回绝别人。

意大利的一位音乐家罗西尼，出生于 1792 年 2 月 29 日，由于每 4 年才有一个闰年，所以，当他过第 18 个生日时，已经 72 岁了。他认为这种过生日的方法很好，至少可以为他省去很多麻烦。

一次，朋友们筹集了两万法郎，准备为他过生日。在生日的前一天，朋友们对他说："我们准备花两万法郎为你修建一座纪念碑，以此作为生日礼物送给你。"他听了以后说："浪费钱财！把这笔钱送给我，我自己站在那里好了！"

罗西尼并没有直接拒绝别人，而是提出了一个不切实际的想法，使大家在觉得可笑的同时，同意了他的观点。用幽默的方式拒绝别人的确可以令人开心地接受。

第三，用假设的方法拒绝别人。

在谈判中，某公司谈判代表故作轻松地说："如果贵方坚持这个进价，请为我们准备过冬的衣服和食物，你们总不忍心让员工饿着肚子瑟瑟发抖地为你们干活吧！"

如果不好正面拒绝对方，或者对方坚决不肯降低要求或条件，你可以不直接加以拒绝，而是假设全盘接受，然后根据对方的要求或条件推导出一些荒谬的、不现实的结论，从而加以否定。

这种拒绝法，往往能产生幽默的效果。这样，不仅不会引起他人的不快，还可以使别人有所启发。

难以启齿？肢体语言来帮你

当你跟你的同事阐述你的工作理念时，对方摆出的肢体姿态，你能否解读到？当你向你的客户讲述你的新产品或新计划时，你能否留意到他们的肢体语言？

有兴趣与拒绝，往往不必开口说出来，肢体语言已经先一步向你发出了信号。

1

大学毕业后，乌宏开始从商，并且把生意做得风生水起。同学李梅想问他借些钱。因为她不好意思自己出面，便又拉了几个同学，搞了个小型同学会。

大家聊起上学时的事情，都很高兴。兴致正高时，乌宏说起了和李梅一起去图书馆的事情。李梅听了很高兴，过去的事乌宏竟然还记得那么清楚。原本对借钱之事有所顾虑的她，不再犹豫。慢慢地，李梅就把话题转向了自己开店，但资金不够的事情上。

乌宏立刻说："老同学之间帮忙是应该的。"说着就端起酒杯抿了一口，还时不时地伸手去调整自己的袖扣。李梅想要进一步提出借钱的事情，此时，乌宏却站了起来走到另一边去敬酒了，转了一圈回来后，乌宏靠在椅子上，双手抱胸，说：

"各位，时间也不早了，我有事情要先走一步，你们慢慢吃，有空多联系。"他微微鞠躬，就拿起外套走了。

此时，李梅也明白乌宏不肯借钱给自己，就没有进一步追问。

2

你有没有遇到过这样的情况：

当看到年迈的老人忐忑地过马路，你想过去搀扶一把，老人的身体一边偏离你，一边摆着手说"谢谢，不必了"；

当看到抱着重物的人过天桥时，你想过去帮忙，对方却瞥了你一眼，继续前行……

看，"身体偏离""摆手""瞥你一眼"都是很明显的拒绝的肢体语言。

人们的身体常在自觉或不自觉中传递信息，这就是肢体语言。

肢体语言是说"不"的无声武器。人们在不经意间流露的眼神、动作以及肢体的暗示等，都可能表明他们在拒绝。

在生活中，这样使用肢体语言拒绝的还有很多。

一般而言，熟练使用语言来请求别人帮助的人，对肢体语言也更为敏感。如果你表现出一副纠结万分的样子，对方会意识到，一旦他多说点好话，你就会被他说服。因此，当你确定不想帮助他之后，不妨下意识采用一些强势防御性的肢体语言，如故事里的乌宏双臂抱在胸前（而不是纠结万分的样子），对方就会知难而退。

3

下面有几个高层次人士都懂的小技巧，供大家参考：

第一，视线与对方等高，直视对方双眼。表达拒绝时，应确认视线与对方等高，眼神柔和，直视对方双眼，避免眼球来回转动，透露出犹豫不决的心情。通常一段时间后，对方就会感到不自在，提出请求的气势会自然削弱，让你说"不"的勇气随之提升。

第二，语调缓慢，再提出拒绝。无论对方请求有多急促，也要以缓慢的语调说话，拖住谈话语速后再提出拒绝。如果你感到紧张或害怕，可以先深呼吸调整情绪，保持音调平稳。若是对方请求让你感到为难，可以紧闭嘴唇不发一语，再提出拒绝。

第三，如果担心对方因被拒绝而产生厌恶感，就先摒除可能被讨厌的因素。确认自己外表保持整洁，确保他人不会因为外表而产生排斥。至于说"不"时，则应保持全身稳定，显示专注和坚定感。身体可向后微倾，并将手等部位放在背离对方的方向，暗示你即将说"不"，拒绝后，可以类似鞠躬这样的动作来表示歉意。

第四，在谈话过程中，应避免将手放入口袋，那通常表示你十分紧张，想要有所躲藏，并想借由口袋的温暖得到内心的补偿。你可以搭配平常使用的手势，降低紧张情绪，让对方感觉你很镇定，或是把手交叉抱在胸口，给人居高临下、不被支配的气势。

需要注意的是，人是复杂的动物，需运用综合观察才能猜测与谈者的情绪，也别因单一表情或眼神而下结论。

第三章

高层次做人，低成本拒绝

每个人都可以低成本拒绝，高层次做人。

能够将这两点融于一身的人，必然拥有完美的人生和辉煌的事业。

有效抱怨，会哭的孩子有奶吃

适时适度，在适当的场合抱怨，既能引起注意，又能使得自己的要求得到一定程度的满足。这是高层次人的做法，也是成本比较小的一种拒绝。

1

富有工作经验的陈言被一家软件公司聘为商务部门主管。新官上任三把火，陈言不想被人看轻，一接手就带着自己的组员拼业绩。初期的工作积极性逐渐被每况愈下的经济形势消磨，陈言偶尔也会抱怨工作压力太大。当小组业绩又一次垫底后，她开始正视一个她忽略已久的问题：为什么自己的组员是商务部门中最少的，业绩要求却与其他小组一致？

有点愤愤不满的陈言转而向同事诉苦："老总也太苛刻了，我的人这么少，他给的任务却是一样的。还说我业绩不行，要按百分比算，我们组其实个个是精英。"

不过，对着同事抱怨，并不能解决问题，思来想去，陈言决定改变一下策略。

她给老总发了封邮件，委婉地叙述了目前的困境，希望能在不影响公司整体运作的前提下，适当为自己小组增派人手，以便取得更好的业绩。

没几天，陈言被请进了办公室，老总很关切地询问了部门情况，真诚地表示，作为领导不可能事无巨细全部打点周全，有时沟通不畅很可能导致信息缺失，希望以后陈言适宜地多提一些合理化建议，帮助公司成长。

走出办公室，陈言脸上洋溢着满足的笑容，工作状态也仿佛一下子回来了。

2

同在一个部门的珍珍和David，都喜欢抱怨。

有一次，管理部的几个同事不约而同地请了病假，上司想要派他们两人前去协助工作。

接到上司的邮件后，David当场便在办公室里嚷嚷了起来："管理部的人怎么一块儿请假啊，生病了？谁信啊，肯定一块逛街偷懒去了！"

珍珍看了上司的邮件后，立即给上司做了回复。她把目前手边的工作做了一张列表，还分别标明了重要度，然后指出哪些是其他同事不能帮忙解决的，以及如果交给不了解项目的同事做有可能会产生哪些错误。

上司收到珍珍的邮件后，觉得她说得非常有道理，最后决定只派David过去帮忙，David只好一边做管理部的工作一边加班忙自己的工作，还不忘喋喋不休地抱怨。

还有一次，珍珍的电脑出了问题，请IT部门的人来维修，可一周过去了都没见人影。

David冷嘲热讽地说："IT部的人不知道整天在忙什么，

每次有问题都要等很长时间，领导们的电脑有问题他们怎么跑得那么快？就知道溜须拍马。"

在例会上，珍珍也主动跟老板抱怨，说维修申请表递到IT部一周了，可既没有来人维修也没有任何回复，造成自己的工作被迫中断，很多工作还要拿回家做到很晚，这严重影响了她每天的工作状态。老板非常重视珍珍的意见，立刻安排IT部的人员解决珍珍的问题，还在各部门之间开展了一次反馈意见的活动，了解各部门之间的协作问题。

每次遇到什么问题，珍珍的恰当抱怨不仅解决了问题，还得到了上司的赏识；David却因为抱怨，在公司落了个"鸡婆"的名声，大家都不愿意同他合作。

可见，珍珍的抱怨是"适度"的，而David的抱怨是"过了头"的。

3

"有效抱怨"是有理有据的抱怨。高层次的人，通常会经过思考，并且运用适当的方式表达出来。

比如，在部门例会上，当大家展开讨论时，将自己的不满以委婉的建议方式呈递，或者单独与上司交流，让他知道你的想法。

层次高的人还会注意，想要让自己的抱怨有效，平时就不要在公共场合暴露真实的内心想法。最好事先进行调查，得到充足依据后再开口。这样既能让领导注意到抱怨的合理，也可展示一下自己做事的有理有据，给领导一个好印象。

不过，即使是有效抱怨，也不是见谁都抱怨：

（1）真正能解决问题的人，才是你需要正视的抱怨对象。

（2）抱怨时不妨以"我建议"做开头，抱怨时，无论是对同事还是对上司，不妨采用讨论的方式。例如在座谈会上大家一起讨论，适当地以"我建议……"作为开头，道出自己对某一方面问题的不满。

（3）对领导和同事抱怨后，最好还能提出相应的建设性意见，尽量减少对方可能产生的不愉快。尤其是在上司面前，因为有些问题你能想到，别人未必想不到。

（4）如果不能提供给领导一个即刻奏效的办法，至少也应提出一些对解决问题有参考价值的看法。这样上司会认为你是真正在为团体着想，是一个在工作上有进取心的属下，而不是一个整天只知道抱怨的难缠的员工。

不要"问答题"，只要"选择题"

下属总是喜欢问领导"问答题"，而作为一个有水平的领导，则要想方设法让下属拿来"选择题"。这就是李嘉诚常说的："当你提出困难时，请你提出解决方法，然后告诉我哪一个解决方法最好……"

1

一位下属在公司办公室的走廊与张总不期而遇，下属忙停下脚步："哎呀，老板，终于碰上您了。有一个问题，我一直想向您请示一下该怎么办。"接下来，他如此这般将问题汇报一番。

尽管张总有事在身，但还是不太好意思让这位急切想把事情办好的下属失望。张总非常认真地听着，可实际上他也心急如焚，因为他也有很重要的事务要处理。

几分钟后，他看了看手表，说道："不好意思，我现在正有急事处理。这个问题，看来我一时半会儿答复不了你。这样吧！让我考虑一下，过两天再给你回复好不好？"

两天后，下属如约打来电话："老板，前两天向您请示的问题，我该怎么办？"

忙乱中，张总想了一下，才记起他讲的是哪一件事。"哦，实在不好意思，这两天我特别忙，还没有顾得上考虑这个问题，你再过几天来看看，好吗？"

"没有问题，没有问题。"下属非常能体谅。

一周之后，张总又接到了他的电话。不等他开口，张总已经感到十分歉意，并再一次请求下属"宽限"几日……

而另一个部门的吴总也遇到过这样的情况，处理的方式却大不同。

在下属阐述遇到的难题时，吴总一直在认真倾听，并不时点头，几分钟后，他说："这是一个非常不错的问题，你觉得该怎么办？"

"老板，我就是因为想不出办法，才不得不向您求援的呀。"

"不会吧，你一定能找到更好的方法，"吴总看了看手机，"这样吧，这件事我一时半会儿也拿不出更好的主意，我现在正好有急事，不如这样，明天下午四点后我正好有一点点空，到时你先拿几个解决方案来我们一起讨论讨论。"

告别前，吴总还特地补充了一句："你不是刚刚受过'头脑风暴'训练吗？实在想不出，找几个搭档来一次'头脑风暴'不就得啦！明天我等你们的解决方案……"

第二天，下属如约前来。从他脸上的表情看出，他似乎胸有成竹："老板，按照您的指点，我们已经想出了5个觉得还可以的方案。"

2

高层次的领导明白，该下属做决定的事，一定要让他们自己学着做决定，这意味着为自己的决定负责任。不想做决定，往往表明他潜意识里不想承担做决定的责任。

下属不思考问题，不习惯做决定的根源一般有几个：其一，有"托付思想"，自己不想承担责任，依赖上司或别人。这样的下属不堪大用；其二，上司习惯代替下属做决定，或喜欢享受别人听命于自己的成就感，这样的上司以及他所带领的团队难以胜任复杂的任务。

身为高层次的领导，一定要让下属自己想办法、做决定，这有助于训练下属独立思考问题的能力，培养下属勇于承担责

53

任的行事风格。当然，这与上司不敢承担责任，任由"集体"来承担责任，以便自己到时借口"下属办事不力"而推卸责任的作风有本质差异。

高层次的领导都会把问答题改成选择题，只需要改变一点措辞，便能有效修正下属负面的"依赖"神经，同时也能训练下属分析问题、全面思考问题的能力，还能让下属产生自信心与成就感。

重要的是，你将因此不必再事必躬亲，你有了更多的时间和精力来完成更加重要的工作。

沉默拒绝，此时无声胜有声

别人结婚发请柬如果不想去，就别去；别人发信息问你借钱或者找你要红包时，直接不回复……

沉默，能够化解直接拒绝的尴尬，也能够帮你挡掉诸多烦恼。

1

经常关注娱乐明星的人肯定对这种场景不陌生。

某位明星被曝与另一位明星交往，一时之间，风波四起，大小媒体纷纷想方设法前去挖掘事情的内幕。但是在面对媒体的疯狂追问时，当事人却泰然自若、三缄其口，经纪公司也保持沉默，对此表示一无所知。

于是，一段时间之后，这件原本沸沸扬扬的娱乐事件便不了了之了。

很明显，沉默是明星们拒绝绯闻的最佳方法。

2

一个银行业务员向小陈推销信用卡。

小陈拒绝对方说："对不起，我已经办了好几张信用卡了，所以不需要。"

"是吗？那您每天带着好几张信用卡出门，一定觉得很不方便吧！"

"还好吧！"

"其实您完全可以把这些卡丢掉，只要您办了我们银行新推出的信用卡，就可以一张卡走遍天下了，您在全球800多个城市都可以随时享受我们优质的服务。因为这个月是推广月，现在办还有礼品赠送，并且可以享受免年费的优惠……"

怎么办？原本小陈是想拒绝对方，却因为拒绝话术不到位而使对方更加有机可乘了。更有意思的是，自己拒绝的理由反而成了对方进一步推销产品的理由。

无论结局如何，小陈被对方打扰已经成了事实。

因此，如果你觉得有求于你的人是个辩论高手，或者自己不够狠，很可能被对方的凌厉攻势驳倒，那么最好的应对方法就是沉默。

在日常生活中，当你遇到类似情况时，即便对方口吐莲花，把产品吹得天花乱坠，只要你保持沉默，不予理会，不消几分钟，对方就会自知没趣，灰溜溜地走掉。

因为他们得不到预期的回应，气势和信心就会随之降低，直至最后彻底放弃。这就是"以不变应万变"。

3

在日常工作和生活中，如果我们也遇到一些不愿牵扯进去的麻烦事，利用沉默来表达拒绝，也不失为一种好方法。这种沉默的方法不仅能达到拒绝对方的目的，而且不致造成尴尬的局面。

"不"是一个令人失望和沮丧的字眼，因为对被拒绝的人来说，这个字意味着完成某件事情的希望又少了几分。如果对方极度渴望实现自己的目标，那么他必定会想方设法用各种理由来说服你不要拒绝。

就算你明确告诉他拒绝的理由，并且给他指明其他出路，他依然会不依不饶、纠缠不休，这样一来，你们之间势必会展开一场激烈的争论。无论争论的结果如何，对你来说都是有弊而无利的。你在这件事情上浪费了大量的时间和精力，这与你躲避不必要的麻烦、完成应该做的事情的原则是完全相悖的。如果你稍微心软一点，在对方咄咄逼人的攻势下，你就会不慎掉入不得不接受的陷阱，到时候你就亏大了。

所以，当我们想要表达自己的拒绝而又不知道如何做时，不妨用沉默来代替言语，这样往往能收到"无声胜有声"的效果。

需要提醒大家的是，沉默并不是万灵丹，当别人对我们提出某些不合理的要求时，如果我们还沉默以对，就会助长对方的气势。比如：当有人侵犯我们的正当权益（如性骚扰、冷暴力、无端欺压等）时，我们当然不能沉默以对，因为沉默在这时候属于一种无效拒绝，正确的做法应该是强烈地表达不满，并且采取自我保护的手段，进行坚决的抵抗。

旁敲侧击——把拒绝藏在赞美后

当某人向你提出某种要求时，高层次的人，不是正面拒绝，而是巧妙地岔开话题，使对方不自觉地淡忘原来的意思，或者不好意思再提出原来的请求，从而起到变相拒绝的目的。

1

小王刚升任部门主管，好友莉莉就来托她办事，想进她的部门工作。

小王没说行，也没说不行。

小王只是一个劲儿地说自己的上司多么严厉，自己是多么努力才让他网开一面，勉强让自己暂时做主管的工作，如果做不好或者以权谋私就要降职，同事都不服气她，等着抓她的小辫子……

莉莉听了，也不好意思再为难朋友，只好找了个借口离开了。

2

孙兰原来是一家纺织厂的女工，因为单位效益不好，自己辞职下海创业，办了一家刺绣加工厂，并且，很快形成了规模，跟国外很多服装厂家都有业务关系。工厂效益好了，自然成了人们求职的热门。除了应聘的求职者以外，也有些人通过关系找上门来，想在她的工厂里求得一个职位。

这天，孙兰在纺织厂时的一个老领导打来电话，想给她推荐一个设计人才，问能否接收。

当时，孙兰的单位正好需要设计人员，而且有老领导的面子，她就让求职者过来面试。但是，面试结果却并不理想，对方并非像领导说的那样是人才，而是一个地地道道的外行。

孙兰有些犯难，接收这个人吧，没有位置给她安排。不收吧，老领导那儿不好交代，要知道，这位老领导在原单位的时候真的是帮过自己不少忙呢。

考虑再三，孙兰还是决定拒绝，但是，她想着得有一个好的方法跟自己的老领导说。

两天后，孙兰高兴地打电话给那位老领导，请这位老领导和他推荐的求职者一起参观工厂车间。通过参观孙兰让他们对自己的工厂情况有一个大致了解，并向他们讲明了各工作室工作人员忙碌的情况和做事的难度。

然后，孙兰跟那位老领导说："我们这里的几位领导也考察过了，您推荐的这个人才还真的是个人才，只是，她学的专业跟我们的要求不对口，到这里来上班反而委屈了她。不如另找一家对口的单位，在那里她才能真正发挥自己的才干。我可以问问我周围的朋友，看一看他们那里需不需要这样的人才，您看好吗？"

老领导也是个明事理的人，听孙兰这么说，觉得有道理，于是就很爽快地把自己介绍的人带走了。

3

这种方式，通常在自己不愿得罪对方的情况下使用。

除了拒绝别人时要找到合适的方法，在拒绝时还需要注意的如下：

第一，宜早不宜迟。一般来说，如果想要拒绝对方，就要及早拒绝，一是可以避免彼此的伤害，二是及早拒绝可以让对方不再抱有幻想，趁早另寻其他的方法和出路。如果想要拒绝又拖拖拉拉，不肯说出口，就会让对方一直怀有希望，这对双方都不好。

第二，拒绝的地点应选择在私人空间，这样，可以给对方留点面子，不至于出现尴尬局面。如果必须在公共场合，也要尽量缩小空间和范围，不必让太多的人看到这一场面。

第三，拒绝时态度要真诚。拒绝终究是件令人不愉快的事，无论以哪种方式拒绝，都是为了减轻双方的心理负担，尤其是要考虑对方的心理承受能力，尽量使不愉快的感觉降到最低。

拒绝时真诚的态度，能够让对方在心理上对拒绝者予以理解，从而更容易地接受被拒绝的事实。

以歉意的态度说不，会让人感到心理上的安慰。尤其是领导、长辈拒绝下级、晚辈的要求时，最好以同情关切的态度来陈述理由，使对方心服口服。

慢点说"是"，笑着说"不"

1

一个男孩子锲而不舍地追求一位可爱的女孩。尽管这位女孩并不喜欢这个男孩，可是每每看到男孩真切的眼神，女孩又不忍心直接拒绝男孩的好意。

女孩："你知道吗？我特别喜欢吃冰淇淋，尤其是香草味的。"

男孩："好啊，以后我天天买给你吃。"

女孩："男人就像各种口味的冰淇淋，口味多是因为每个人钟爱的口味不同，在我眼中，你是草莓味的冰淇淋。"

男孩："哦。"

自此，男孩终于放弃了追求那个女孩。

女孩子很聪明也很幽默，为了不打击到男孩的自尊心，巧妙地将自己的拒绝放在了对冰淇淋口味的喜好中，把拒绝轻松地说出了口，避免了尴尬。

　　黄女士是民航售票处的售票员，随着乘坐飞机的旅客不断增加，黄女士时常要拒绝不少旅客的订票要求。面对心急如焚的旅客，黄女士总是安慰地说道："我知道你们非常需要坐飞机，作为售票员，我当然乐意为你们效劳，让你们如愿以偿，但票的数量实在是有限，我们也没有办法。欢迎你们下次再来乘坐我们的飞机。"

　　黄女士的话朴实、真诚，旅客们听了也不再有什么意见。

　　黄女士力求避免正面表述出拒绝，而是采用间接委婉的方式，先肯定对方的想法和要求是合情合理的，然后再来表达拒绝他们是出于"迫不得已"。这样一来，一方面对方的感情和积极性不会被挫伤，能够使对方更容易接受最终的结果，一方面也没有堵死自己的退路。

2

　　一般人都不太好意思拒绝别人，但在很多情况下，我们为了避免多余的困扰，对一些不合理或不合自己心意的事有必要拒绝，但怎么做才能既不伤害对方的自尊心又能达到拒绝的目的呢？

　　慢点说"是"，笑着说"不"，是屡试不爽的好方法。

　　当遇到别人不合理的请求时，我们不想委曲求全答应对方，可以先"以情动人"，凸显出自己的爱莫能助。

下面的一些话术是不错的参考：

"听起来很有趣，但是我现在有太多的事情要做。"如果你在表达对某件事情有异议时，用赞美开头能让人的心理防御降低，然后用正当理由来拒绝。

"不好意思，上次我这样做时，很难受。"关键不是让别人知道你想或者不想，而是让他们知道你这样做很难受，因为没人想故意伤害你。

"我不是这项任务的最佳人选，要不，你们看看他行不行？"如果你觉得没有那么多时间和精力，那就不要拐弯抹角。你可以推荐他人供他们参考，这样也能给予别人帮助。

"我不能帮你做完整的事情，但是可以帮你分担一部分。"选择相对简单、需要较少时间的方式给别人提供帮助，不会伤害到别人，还能委婉地拒绝请求。

"你看上去很棒，但是这件事不是很适合你。"当有人问你工作、情感等方面的意见时，这是一个既能表达出你的想法又不伤害别人情感的好方法。

"听起来很不错，但是接下来我的行程已经排满了，等我忙完之后联系你。"有时你可能会得到一个有趣的提议、想法或请求，但考虑到你的时间安排，你不想做出什么承诺。在这种情况下，与其直接说"不"，不如争取时间想想再做决定。

如何优雅地拒绝别人借钱

借钱，是件很考验关系、人品、心态的事。拒绝别人借钱，还要拒绝得优雅，更是难上加难。因为，评判优雅的标准不是我们说了算，而是由那个来找我们借钱的人说了算。

1

人们常说，谈钱伤感情，谈感情伤钱。原本是简单的借债还钱，一提到交情就变得复杂和微妙起来。答应别人，自己有困难；不答应，又会伤和气。所以，层次高的人，都会理智地、有技巧地处理。

梅英是一家公司的小文秘，平常和同事关系很不错。这天，同事小宁突然来找她，说家里有急事，要借 8000 块钱。

对梅英来说，这笔钱不是个小数目，她不太想借。但是，考虑到和小宁的关系不错，而且她家里有急事，朋友本就该仗义疏财，最终，梅英还是借给了小宁。

小宁对梅英说："我给你打个借条吧。"

梅英心想，朋友之间借这点钱，还用打借条吗？于是说："咱俩姐妹一场，不用打借条了。"

小宁感激地说："你放心，下个月我和老公发了工资之后就把钱还给你。"

梅英笑道："我也不急用，你慢慢还吧。"

梅英本以为小宁会很快还钱，没想到，半年过去了，小宁还是没有提还钱的事。梅英的工资并不高，但她不好意思厚着脸皮要钱。

于是，她悄悄地告诉了另一个同事，问该怎么办。同事说："你既然不好意思明着要钱，就暗地里说自己要买房子，差好多钱。如果她明白了，很快就会还你钱的。"

第二天，梅英在办公室里宣布，她看上了一套小户型，首付 11 万，打算买下来自己先住着，同事们纷纷表示祝贺。梅英留心观察小宁，她没有任何特殊表示。又等了几天，小宁还是不提还钱的事。

这下，梅英着急了，快到年底了，要花钱的地方太多了，于是，她忍不住在办公室里对别的同事发了发牢骚。

又过了几天，梅英正在办公室处理文件，小宁走了进来，把一捆钱扔到她桌面道："这是我还给你的钱。不就是借了你几千块钱吗？你也犯不着满世界说啊！"梅英的脸一下子红了，没等她反应，小宁已经走了出去。

虽然小宁还上了钱，但两人的关系也搞僵了，同事之间本来非常融洽的关系变成了同处一室的陌生人。梅英非常后悔，觉得不应该与同事有钱财往来。

2

同样的事，一位女企业家是这样处理的。

前几年，她的一个闺蜜家里发生变故，经常向她借钱，每一次大概几千块。这件事很难解决，因为以当时闺蜜的经济条件来说，基本上很难还。催她还，肯定会影响姐妹感情；不催，自己心理也不舒服，毕竟自己的钱也不是捡来的。

当时，她采用了这样的做法，闺蜜向她借钱时，她会直接给她三五百块，说："不要说借不借的，这几百块钱就送给你，当给你买营养品，不用还了。"这么一说，闺蜜也不好意思从她这借钱了，拿了几次之后就没再提过。

金钱关系是一种非常敏感的关系，如果处理不好会很麻烦。

如何拒绝朋友的借钱要求是一件让不少人觉得尴尬的事，多数人主要是觉得很难开口，但很多时候不拒绝又会让自己很难做。

这时就需要运用技巧了，要调整好自己的心态，该拒绝就拒绝。重点是要巧妙地让对方知道，你不愿意借钱给他，但态度又要委婉，真诚、明确地把你的难处和苦衷告诉朋友。如果真的没法帮忙，也别忘了说声"非常抱歉"。

3

对很多人来说，不愿意拒绝别人的借钱请求，是害怕自己这次拒绝了对方，影响了自己的"形象"，下次也不好意思找朋友帮忙了。其实，不用太在意，如果是真正的朋友，他会体谅你的难处，绝不会强人所难，也不会因为你没有借钱就记恨你——我们完全不必有这种担心和顾虑。

这里为大家整理归纳了三个最好用的方法，让你委婉拒绝并且还不伤感情。

第一，先小人后君子。

遇到亲友借钱，自己并不宽裕，直接拒绝也是一个办法。每个人心里都有杆秤。对那些不值得信任的人，不管你有没有钱，在他开口前，先说说自家的难处，告诉他你现在也很缺钱。比如说每个月还车贷、房贷，每个月孩子要上补习班，每个月要缴物业水电费，每个月给父母转赡养费，总之，各种你需要花钱的地方都告诉他。他心里会想：原来我们也一样穷啊。以后就不会再找你借钱了。

第二，以购买了理财产品为由拒绝。

现在的人没有谁会把大量的现金放在身上或者家里，要么是存银行，要么就是投资理财。对那些不讲信用的人可以说："刚好前几天钱都买了理财产品，是一年期的或者三年期的，一时半会儿拿不出来。""我的工资卡也绑定了理财产品，每月定投的。""身上还留了些生活费，你急用的话过来拿。"我想没有人愿意连你一点点生活费都借走。

第三，以自己没有财政大权为由拒绝。

对此，结婚后的男人都有体会，家里的财政大权基本都归老婆管，最多留点零花钱。总之，对已婚的男人来说，当朋友跟你借钱的时候，你可以说老婆将钱管得太严，想拿到钱比登天还难，就连你的每笔开支都要跟她汇报，如此，相信你的朋友不会再勉强你去跟老婆开口。当已婚女性被朋友借钱时，也可以采用这种方式。

谈钱虽然伤感情，但是能被钱伤害的感情，就算不上感情。任何人挣钱都很辛苦，没有义务借那么多钱给你，对愿意帮助你的人，你应该有感恩之心。

但是，话又说回来了，朋友毕竟比金钱重要得多。谁都有不顺的时候，有手头拮据的时候。古人早就说过了，朋友有通财之义。要想完全没有金钱往来，可能性也不大。但是，层次高的人，会分清楚借钱的性质，"借急"和"借穷"是不一样的。如果对方确实有急事需要钱作暂时周转，借给他无可厚非；但要是对方并没有什么太急的事情，而是借钱做消费和投资之用，那就需要谨慎点了。

不能做，就第一时间通知对方

第一时间说不，理由越简短越好。多一点真诚，少一点套路，不能做就第一时间通知对方，是成本最小的人际交往方式。只要对得起自己的心，不必考虑对方的接受能力，大家都是成年人，谁还需要别人为自己负责？

1

现实中很多人，如果你拒绝得不干脆，他们会慢慢说服你，让你去做你并不想做的事。而当你真去做了，对方也并不会感激你，反而会拿你的态度说事。

有时候，解释得越多，越容易给别人造成错觉：你是故意拒绝我，或者你故意抬高身价，想让我不断求你。

你留给别人希望，引诱他人付出，这是一个客观事实。

有人要你帮忙，你不说自己帮不了，而是说今天比较忙；到了第二天，别人又提出来，你说明天再说；第三天，人家为此请你吃饭了；到第四天，你说我真帮不了，那他一定会勃然大怒。你帮不了不早说，浪费感情。

小王总觉得自己情商很高，不需要把拒绝做得太难看。他用的套路经常是先答应别人，然后借口临时有事，编出各种理由，表示确实想去但去不成。

有一次，小王被邀请参加一个活动，他心里不想去，就说时间赶不上。他以为事情过去了，可没几天，这个人又来找，说改了时间，这下没问题了吧。小王没办法，坚持说自己是真没空。

这个朋友不高兴了：我们特地为你改了时间的！对方到底是不是为他改了时间，有待考证，但他拒绝别人不干脆，给人留下了把柄。

终于有一次，小王惹怒了一个朋友：去就去，不去就不去，你总是这么拖泥带水，真的很讨厌。

小王心里一惊，拖泥带水？我一开始就没想去啊……

2

在拒绝这件事上，高情商的表现就是简单直接，行就行，不行就不行，千万别含混。无论你编出多少理由，拉出多少"罪魁祸首"，给别人的印象就是不靠谱、易生变。

不敢干脆地拒绝别人，表面是为别人着想，不想让人难堪，其实是太把自己当回事，觉得拒绝了，别人的心就碎了。

其实，任何一个人提出要求，都做好了被拒绝的心理准备。

千万别觉得对方抱了很大希望，认为非你不可，才会开口。这世界抱着试一试的心态，提不靠谱要求的人太多了，他们都盼着哪次撒网就捞到几个心慈手软的冤大头。

拒绝别人不干脆，还有一个原因是我们害怕给朋友留下薄情寡义的印象。

其实世界上绝大多数人之间的交往，还上升不到情义的高度，而只是在规则之中运行。能做就全力以赴地开心去做，不能做就第一时间通知对方，是成本最小的人际交往规则。

别人选择了你，而你干脆地拒绝，是把选择权交还给对方。

我想让你做我女朋友，你拒绝了，选择权就在我手里，我可以选择继续追你，或者去追别人，不需背负任何心理负担。

如果你不拒绝又不答应，以各种理由拖延，选择权就在你的手里，我不知道什么时候靴子会落在头上。

这才是最大的自私与伤害。

3

即使在爱情中，我们都不是唯一的备选，何况其他事情上。其实，你并没有那么重要，不必担心被你拒绝的人走投无路，相反，你的拒绝可能让他春暖花开。

不是所有的拒绝都需要理由，如果找不到充分的理由，那么，不想做、不合适就是最好的理由。理由说得再好听，也是拒绝。当拒绝这个结果摆出来的时候，别人已经在想怎么找下家了，哪有心思听你解释你的难言之隐。

拒绝并不难看，不敢拒绝的姿态才难看。你不想付出还想当好人，世上没有这么好的事。

很少有人会因为被干脆地拒绝而把对方拉入黑名单。多数人遇到拒绝会反思自己，重新评估双方的关系，寻找舒服的点位继续交往。这才是一个双赢的结局。

第四章

拒绝坏情绪，能享受美好也能承受糟糕

高层次，取决于一个人的心性、格局、眼界和价值观的总和。

在任何环境里，一个层次高的人，都可以发现美好和有趣的一面，并心怀感恩，把失去活成另一种获得。优秀的人，从来不会输在情绪上。

拒绝愤怒，提升你的层次感

大多数高层次的成功者，都是能够将情绪控制得收放自如的人。对他们来说，情绪已经不仅仅是一种感情的表达，更是一种重要的生存智慧。

如果控制不住自己的情绪，随心所欲，就可能带来毁灭性的灾难。情绪控制得好，则可以帮我们化险为夷，甚至获得意想不到的好处。

1

有一个叫爱地巴的人，每当和人发生争执时，就会以很快的速度跑回家去，绕着自己的房子跑上两圈，然后坐在地上喘气。

爱地巴工作非常勤劳努力，他的房子越来越大，土地也越来越广。

但不管房子和土地有多大，只要因与人争论而生气，他就会绕着房子跑两圈。

“爱地巴为什么每次生气都绕着房子跑两圈呢？”所有认识他的人，心里都感到疑惑，但是不管怎么问，爱地巴都不愿意明说。

后来，爱地巴很老了，他的房子和土地也比最初大了很多倍。他一生气，依旧会挂着拐杖艰难地绕着房子转，等他好不容易走完两圈，太阳已经下山了，爱地巴独自坐在地上喘气。

他的孙子在身边恳求他："阿公，您已经这么大年纪了，这附近地区也没有其他人的土地比您的更广，您不能再像从前那样，一生气就绕着房子跑了。还有，您可不可以告诉我，您一生气就要绕着房子跑两圈的秘密？"

爱地巴说道："年轻的时候，我一和人吵架、争论、生气，就绕着房子跑两圈，边跑边想，自己的房子这么小，土地这么少，哪有时间去和人生气呢？一想到这里，气就消了，把所有的时间都用来努力工作。"

孙子问道："阿公！您年老了，又变成了这里最富有的人，为什么还要绕着房子和土地跑呢？"

爱地巴笑着说："我现在还是会生气，生气时绕着房子跑两圈，边跑边想，自己的房子这么大，土地这么多，又何必和人计较呢？一想到这里，气就消了。"

2

有一个年轻的农夫，划着小船，给另一个村子的村民运送自家的农产品。那天的天气酷热难耐，农夫汗流浃背，苦不堪言。他心急火燎地划着小船，希望赶紧完成运送任务，以便在天黑之前返回家中。突然，农夫发现前面有一只小船沿河而下，迎面向自己快速驶来。眼看两只船就要撞上了，但那只船并没有丝毫避让的意思，似乎是有意要撞翻农夫的小船。

“让开，快点让开！你这个笨蛋！”农夫大声地向对面的船吼道，“再不让开，你就要撞上我了！”

但农夫的吼叫完全没用。尽管农夫手忙脚乱地企图让开水道，但为时已晚，那只船还是重重地撞上了他的船。农夫被激怒了，他厉声斥责道：“你会不会驾船，这么宽的河面，你竟然撞到了我的船！”

当农夫怒目审视那只小船时，他吃惊地发现，小船上空无一人，听他大呼小叫、厉声斥骂的只是一只挣脱了绳索、顺河漂流的空船。

在多数情况下，当你责难、怒吼的时候，你的听众或许只是一只空船。那个一再惹怒你的人，决不会因为你的斥责而改变他的航向。

如果你能学会控制自己的情绪，冷静分析那些容易让你生气发火的原因，你就可以知道自己还欠缺什么，害怕什么，想要什么。

3

愤怒是无法彻底消除的，而且也没有必要消除。但是，高层次的人，会对它进行很好的管理和控制。不管是在家里、在工作中，还是在你和关系亲密的人相处的过程中。

那么，怎样才能拒绝愤怒？

第一，不要把事情想得过分严重。如果在开车时有一辆车突然插到了你的前面，要记住，这只是让你不快的小事，不是世界末日。

第二，不要把问题个人化。那个你开车时插到你前面的司机并不认识你——他很可能并没有意识到给你带来的不快。也许某件事让他不顺心，因此想发泄出来，但这绝对不是针对你本人。

第三，不要指责别人。一旦你开始指责另外一个人，你的不快很容易就会升级。所以，让事情就这么过去吧，别再去追究了。

第四，不要老想着报复。把某事归罪于某人后，下一步往往就是报复。与其这样，不如把精力用在比报复更有用的事情上。很多时候，那些让我们生气的理由回头再想想根本不值得，甚至有的时候我们发完脾气却忘了自己为什么不高兴。

高层次的人，从来不会把自己看成一个无助的受害者。他们会采取一些措施使自己适应不快的情绪，或者想办法改变这种情况。

拒绝不安，高层次离不开平常心

1

前秦氏族人苻朗所撰《苻子》记载了这样一个故事：

传说夏王太康时，东夷族的首领名叫后羿（并非尧帝时射日之后羿），是一位百步穿杨的神射手。夏王听闻后，非常欣赏他的本领，于是便派人招他入宫来给自己表演。

夏王带他到御花园里找了个开阔地带，叫人拿来了一块一尺见方、靶心直径大约一寸的兽皮箭靶。他用手指着箭靶说："今天请先生来，是想请你展示一下精湛的本领，这个箭靶就是你的目标。为了使这次表演不至于因为没有竞争而沉闷乏味，我来给你定个赏罚规则：如果射中了，我就赏赐你黄金万两；如果射不中，那就要削减你一千户的封地。现在，请先生开始吧。"

后羿听后，脸色不定，呼吸紧张局促，而后引弓射箭，没想到竟然没有射中。

夏王对大臣傅弥仁说："这个后羿，射箭是百发百中的，但有了赏罚后，反而就射不中靶心了，这是何故呢？"

傅弥仁说："高兴和恐惧成为他的灾难，万两黄金成了他的祸患。人们若能抛弃他们的高兴和恐惧，舍去他们的万两黄金，那么普天之下的人们都不会比后羿的本领差了。"

乾隆下江南时游历金山寺，看到山脚下大江东去，百舸争流，便问高僧："你在这里住了几十年，可知道每天来来往往多少船？"高僧答："我只看到两只船。一只为名，一只为利。"这真是一语道破天机。

2

1965 年，年仅 23 岁的林海峰在第四届名人战（日本七大围棋赛之一）决赛挑战坂田荣男，结果出师不利，首局败北。

输掉先手后，林海峰失去了自信，于是，他去找师父吴清源请教。当时，吴清源对他说："你现在最需要的是要有一颗平常心。老天对你已经很厚待了，23 岁就挑战名人，这已经是多少人梦寐以求也达不到的成就了，你还有什么放不开的呢？"说完，吴清源还特意题写了一幅"平常心"的字送给他。林海峰因此大悟，随后连胜 3 局，最终四胜二负战胜了坂田荣男，成为名人战历史上最年轻的名人。

林海峰还说过，自从那次之后，他再也没有因为输棋而难过，因为他关注的不再是输赢得失，而仅仅是围棋本身。

世人很难做到一心一用，他们穿梭在利害得失之中，被世间浮华宠辱所迷惑。他们在生命的表层停留不前，因此而迷失了自己，丧失了"平常心"。要知道，只有将心灵融入世界，用心去感受生命，才能找到生命的真谛。

3

平常心，虽然只是简单的三个字，却是人们常常难以跨越的一道鸿沟。

六祖慧能曾说："本来无一物，何处惹尘埃。"这种超脱凡俗、超越自我的境界，正是对待平常心的深刻体悟。

用平常之心看待不平常之事，则事事平常。

但在现实中，许多人往往缺乏平常心，以名利作为追求的目标，以金钱和权利作为人生幸福的标准。为欲所惑，贪图享乐，最终陷入欲望的泥沼而无法自拔。

所以，要做个高层次的人，就需要一点出世之心，顺其自然，以平和的态度对待事物，不要苛求结果的完美。放下心中的杂思妄想，珍惜时光，积极主动地把眼前的每一件事都看成大事，扎扎实实地把它做好。

世事纷纭，易生浮躁，要做个层次高的人，就要以超然的心态做事谋生。跳出自我，超越自我，在"出世"和"入世"之间保持平衡，让事业、家庭、个人修为之间达到和谐，这样，即使不能大成，也会收获快乐人生。

拒绝焦虑，远离对未来的恐惧

上天赋予人类一定分量的欢喜与哀愁，倘若你不懂得用好心情来平衡坏情绪，用新快乐来抚平旧伤痛，那么，就大大辜负了人类左右情绪的天赋。

1

小镇上一家酒吧里，灯火通明，喧声四起，一群衣着光鲜的绅士正围坐在吧台边上，一边喝着威士忌，一边谈论着生意上的事情。

"够了，够了，这样的日子简直像受刑，我受够了！"一个以制作各式各样成衣为生的商人抱怨道。不景气的经济、日渐低迷的生意，令他终日愁眉不展、郁郁寡欢，他的双眼布满血丝，经常失眠。

"怎么了，朋友？"众人问。

"真叫人痛苦不堪……"成衣商说道。

一位朋友看在眼里，不忍他这样被烦恼折磨，就安慰他："别急，你的问题没有什么大不了的，我给你想一个好办法，如果以后你还睡不着，不如静下心来，数一数绵羊，这样，等你数累了，自然就睡着了。"

"嗯，是个不错的办法，朋友，亏你想得出来，我回去就试一试。”成衣商道谢而去。

　　"老兄，你的办法一点也不灵验啊，你看看我现在，精神更加不好了，病情也似乎更加严重了！"三天后，成衣商在酒吧里向给自己提出建议的朋友抱怨道。

　　"不会吧！"朋友看着他更加红肿的双眼，十分疑惑，问道，"你是按照我的话去做的吗？"

　　"那还用问吗？老兄，我肯定是按照你说的话去做的呀，我甚至数到了一万多头！"

　　"我的上帝，老兄，你没跟我开玩笑吧！居然数了那么多？你不可能，也不应该一点睡意都没有啊！"朋友吃惊地问。

　　"是的，刚开始的时候，我的确有些困意，可是，我一想到一万多头绵羊将会有多少羊毛啊，如果不剪，那岂不可惜了？"

　　"那剪完不就可以睡了？"

　　"你哪里知道，这一万头羊的羊毛所制成的毛衣，要去哪儿找买主啊，一想到销路，我就更睡不着了。"

2

　　在一个村庄里，住着一个名叫鲍弟拉姆的财主。他家土地很多，父辈也留下了很多财产。可是人们都叫他吝啬鬼，因为他遇到要紧的事，哪怕叫他花一个小钱，他也十分不高兴。他日思夜想的是：怎样才能发大财，好让他曾孙的曾孙也能舒舒服服地享受。

　　一天，村上来了一位修道的圣人。没过几天，附近的村子都传开了：这位圣人能够实现人们的任何愿望。

财主一听说这消息，心里乐开了花，他认为他一生中最大的愿望很快就要实现了。

他立即来到圣人面前，把自己的愿望告诉圣人。

圣人慈祥地让他在自己身旁坐下，问了问他家中的情况。听他讲完，圣人心中就明白了。他觉得应该对这个财主进行教育，这样才能使他明白做人的真正意义。

圣人微笑着说："鲍弟拉姆先生，你的愿望一定能够实现，不过有一个条件。"

财主先是吓了一跳，马上想到：这位圣人莫非是想叫我施舍财物？他壮了壮胆，问道："什么条件？请说吧，先生，我一定照办。"

圣人见财主这么说，就对他讲："你家旁边住着一户穷人家，家中只有母女两人，明天，你给她们送一点粮食。"

不就几颗粮食嘛，这对财主鲍弟拉姆来说，不算什么难事。他欢天喜地地回家去了。

第二天一早，他沐浴更衣，然后拿着粮食来到那户穷人家里。穷母女俩正在一边唱着小曲一边干活，鲍弟拉姆说："请收下这点粮食吧，这样，你们今天就有吃的了。"

母亲说："兄弟，今天我们有粮食吃，我们不要，请你拿回去吧。"

"哎，过了今天还有明天，留着明天吃吧。"

"明天的事我们不担心。兄弟，天无绝人之路，老天爷不会让我们饿死的！"说完又埋头忙自己的了。

听了这位母亲的话，鲍弟拉姆先是十分惊愕，接着似乎明白了什么。他想：这户穷苦人家是多么快乐，她们不为明天担忧。可是我呢，整天为自己曾孙的曾孙忧虑。

鲍弟拉姆从穷人家离开后没有回家，而是直接去了圣人住的地方。他向圣人行了礼，说：“感谢您，大圣人！是您给了我快乐的钥匙。说真的，在这个世界上，总为明天担忧的人，是永远不会找到快乐的。”

3

没有人喜欢担心和忧虑，也没有人会喜欢不安全感，因为这与人类本能的自我保护是相悖的。然而，忧虑就像天上滴下来的雨水，是你无法阻止的，你唯一能做的，就是找一把伞把自己保护起来，不要让忧虑近身。

今天正是你昨天忧虑的明天。在忧虑时不妨问问自己：我怎么知道我所忧虑的事真的会发生？

很多事情都是无解的，因此，不能把自己的思维逼进一个死角，如果明知道是个死角，可还是一鼓作气、不依不饶地要往里面撞，就像一只扑火的可怜飞蛾，拼了命要飞进灯泡里。因这个念头而把自己纠缠在里面自我折磨，人不发疯才怪。

生活在这个纷繁复杂的世界里，有时也需要及时开导自己，消除不必要的烦恼，让自己在绝望中看到希望，在黑暗中看到曙光。

人的一生都不免遇到各种令人烦心的事，然而，不同的人在遇到相同的问题时，有着不同的态度和解决办法。面对困难，乐观的人往往一笑置之，并迅速去寻找解决办法；悲观的人，只会像热锅上的蚂蚁一样慌乱，找不到方法。

高层次的人都知道，遇事沉着冷静更容易迅速解决问题，走向成功。也就是说，假如我们能给生活中的各种忧虑划出一个"到此为止"的界限，我们会发现成功原来如此简单，生活原来如此快乐！

越是能力差，越有不切实际的完美主义

很多人的眼里，高层次势必意味着完美。实际上，越是能力差的人，越有不切实际的完美主义，正因从未做好过，对所谓的"做好"全凭想象，没有任何事实依据，于是，所有的症状都出现了：好高骛远、异想天开、白日做梦、纸上谈兵……因为他们不懂，所以他们不现实；因为他们不现实，所以他们脆弱。

1

从前，有一位受人雇用挑水的农夫。他有两个水桶，分别吊在扁担的两头，其中一个桶有裂缝，另一个则完好无缺。在每趟长途的挑运之后，完好无缺的桶，总是能将满满一桶水从溪边送到主人家中，但是有裂缝的桶到达主人家时，却只剩下

半桶水。

两年来，农夫就这样每天挑一桶半的水到主人家。好桶对自己能够送满整桶水感到很自豪，而破桶则对于自己的缺陷感到非常羞愧，它为只能负起责任的一半而难过。

终于有一天，饱尝了两年失败的苦楚，破桶忍不住了，在小溪旁对农夫说："我很惭愧，我必须向你道歉。"

"为什么呢？"农夫问道，"你为什么觉得惭愧？"

"过去两年，因为水从我这边一路漏掉了，我只能送半桶水到主人家。我的缺陷，使你做了全部的工作，却只收到一半的成果。"破桶说。

农夫听了，笑着说："这一次，在我们回去的路上，我希望你留意路旁盛开的花朵。"

走在回家的山坡上，破桶突然眼前一亮，缤纷的花朵开满了路的一旁，沐浴在温暖的阳光之下。这景象使它开心了很多。

但是，走到小路的尽头，它又难受了，因为一半的水又在路上漏掉了。破桶再次向农夫道歉。

农夫温和地说："你没有注意到小路两旁，只有你的那一边有花，好桶的那一边却没有开花吗？我明白你有缺陷，因此我善加利用，在你那边的路旁撒了花种。每次我从溪边回来，你就替我浇了一路花。两年来，这些美丽的花朵装饰了主人的餐桌。如果不是你，主人的桌上也没有这么好看的花朵了。"

2

很久以前，有一位追求完美主义的渔夫。他每次打鱼都追求完美，只想打大鱼，打上来的小鱼都放了回去。

有一天，他从海里捞到了一颗晶莹剔透的大珍珠，爱不释手。但美中不足的是珍珠上有个小黑点。"美珠有瑕。"渔夫想，如能将小黑点去掉，珍珠将变成完美的无价之宝。于是，渔夫将这颗珍珠剥掉一层，可是剥掉了一层，黑点仍在；再剥一层，黑点还在；一层层地剥到最后，黑点是没有了，然而珍珠也不复存在了。渔夫捧着满手的珍珠粉末痛哭流涕。

渔夫想得到极致的美，但是在他消除所谓瑕疵的同时，美也消失在了他追求的过程中。

有黑点的珍珠不过是白璧微瑕，这一点瑕疵也是其浑然天成、不着痕迹的可贵之处，如同"清水出芙蓉，天然去雕饰"，美得自然，美得朴实，美得真切。

美真正的价值往往不在于它的完整，而在于那一点点的残缺，就如同缺失双臂的维纳斯，她能给人以无限的遐思，美丽也就在这样一种遗憾和遐想中成为极致了。

3

从前有一位终日消沉的历史学家说："如果我没有完美主义，那我只是一个平平庸庸的人。谁愿意空活百岁，碌碌无为呢？"他把完美主义看成了自己为取得成功必须付出的代价。

他相信实现完美是他达到理想高度的唯一途径。

可是实际情况呢？

他对失败的恐惧使他做事如履薄冰，根本做不出什么业绩。

完美主义也有可能会获得成功，但成功的到来却并不是因为有了这些完美的标准。

研究表明，强迫性的完美主义并不利于人的心理健康，反而会使工作效率、人际关系、自尊心都受到严重损害，甚至会导致自卑和自我挫败。

完美主义经常会让人情绪紊乱，工作效率低下。原因之一就是他们以歪曲的、非逻辑的思维方法看待生活。完美主义者最普遍的思维方法是"要么全有，要么全无"。

另外，在人际关系中，许多完美主义者感到孤独是因为他们害怕自己的意见不被采纳，使自己的完美形象受到影响。他们为自己的言行辩解，对别人却指指点点、评头论足。这样的做法常常会伤害别人，影响同事、朋友之间的关系，最终导致自己陷入被人孤立的境地。

要求自己时时保持完美其实是一种残酷的完美主义。真实的人生没有完美可言，刻意去追求完美会使人疲惫不堪。不管对于事情的结果如何在意，偶尔也该放过自己。

高层次的人生，拒绝躺着舔舐伤口

高层次的人，不会被暂时的失败和挫折吓倒，他们在失败面前不悲观、不失望、不气馁，认真吸取失败的教训，排除心理障碍，找出原因，对症下药，直到成功。

1

100多年前，雀巢创始人亨利·内斯特受父亲牵连，被迫逃亡瑞士，原本无忧无虑的生活顿时变得捉襟见肘、异常艰辛。

一天，他路过一片刚刚遭遇洪水的农田，原本长势良好的庄稼被毁，一片狼藉。这使他联想到了自己的命运。正想着，他看到远处有一个正在劳作的农民。庄稼都这样了，他还在忙什么？亨利好奇地走过去，发现农民正在补栽庄稼，他干得很卖力，脸上还很开心。亨利不能理解，便问农民，对方回答说："你说我该生气，该抱怨，还是该纠结？那没有半点效果，只会使事情更糟。年轻人，这都是上帝的安排——洪水毁坏了庄稼，但也带来了丰富的养料。我敢保证，今年一定是个丰年。"

农民的话启发了亨利，他心中的不快刹那间烟消云散。后来，他成了一名药剂师，致力于母乳替代品的研究。在此过程中，他经历了无数次失败。每次失败时，他都会想到那位农民的话，不生气、不抱怨、不纠结、不放弃，最终研制出了全新的婴儿奶粉，并创立了雀巢品牌。

有位哲人说过：“空白的人生，总是缺少磨砺。真正的人生，势必离不开磨难。”一个人只有经历过风雨，才能笑对风雨，才懂得珍惜那些无风无雨的晴好日子。当然，就算他不能够笑对风雨，风雨也总有一天会降临到他头上。因为人生的道路上，谁都难免碰到这样那样的磨难。

失败是这个世界的一部分，我们可以尽量避免失败，尤其是战略性的大失败，但是，永远不失败的人是不存在的。失败是人类与生俱来的弱点，与失败共生是人类不得不接受的命运。

2

任何成功背后，都有无数的失败做支撑。

爱迪生在经过 14000 多次实验后发明了电灯。当记者问爱迪生对这么多次失败有何感想时，爱迪生这样回答：“我不是失败了 14000 多次，而是发现了 14000 多种行不通的方法。”在爱迪生的字典里，根本没有“失败”这两个字的存在。在他的眼里，曾经的失败，只是证明了一种道路不可行，仅此而已，它完全不会成为阻挡他继续前进的障碍。

只有走下去，路才会变长。当我们因为一次跌倒而瘫坐在原地裹足不前时，这条道路对我们来说便结束了；而当我们披荆斩棘地勇往直前时，这条路也因我们的勇气和斗志而向着远方的目标延伸下去。

当一个人相信困难会永远长存时，那就有如在他的神经系统中注入了致命的毒药，你别指望他会拿出任何力求改变的行动。同样，当你听到别人跟你说这个困难会没完没了的话时，可千万别轻信，最好离他远一点。

不管人生中遇到什么不顺的事，你一定要记住："这件事迟早会过去。"只要你能坚持下去，终会有云散天开见月明的一刻。

3

人生中的赢家与输家、乐观者与悲观者的差别，在于是否相信困难的"无所不在"。

乐观的人从不相信人生处处都是困难，因而不会单为一个困难便把自己绊住，反而把困难视为是一种挑战。

那些悲观的人，只因在某一方面失败，便执拗地认为在其他方面也会失败，结果就真的如他所想，金钱、家庭、工作乃至人际关系方面都出现了问题。他们既无力管好自己的信念，对其他事情自然也是无能为力。

相信困难"永远长存"且"无所不在"是很伤人的，所以，当你碰到困难时，一定要确信自己能找出解决之道，并且立刻拿出相应的行动，这样能很快地拒绝这些消极的观念。

高层次的人生之所以光荣，不在于永不失败，而在于能屡仆屡起。每次跌倒能立刻站起来，每次坠地反像皮球一样跳得更高的人，是没有所谓失败的。

人生是一条没有尽头的路，不要留恋逝去的梦，把命运掌握在自己手中，艰难前行的人生途中，就会充满希望和成功！

拒绝"怨命"，层次的高低与起点无关

我们常常听到人说，要赢在起跑点。很多时候，从哪里起跑一点也不重要，如果你无法赢在起跑点上，那么就想尽一切办法让自己赢在终点。

1

有一位父亲带着自己的女儿去荷兰参观著名画家梵·高的故居。女儿在小屋中徘徊了几趟，在看过那张小木床及裂了口的皮鞋之后，女儿问父亲："爸爸，梵·高不是一位百万富翁吗？怎么会住在这么破旧的地方？"

父亲回答："梵·高并不是什么百万富翁，他生前是一个连妻子都没有娶上的穷人。"

第二年，父亲又带女儿去了丹麦，领着女儿参观了安徒生的故居。女儿站在安徒生生前住的阁楼里问父亲："爸爸，安徒生不是生活在皇宫里吗？怎么他生前会在这栋阁楼里？"

父亲抚摸着女儿的头，告诉她："安徒生是位鞋匠的孩子，

他生活并不富裕，一直住在这栋阁楼里。"

这位父亲是一名水手，每年来往于大西洋的各个港口。他并没有多少钱，但总能给自己的女儿带来信心和希望，告诉她世界上许多新鲜的事和各式各样的人物传奇。他给女儿讲过许多名人的故事，告诉她那些名人曾经是怎样的卑微，他们又是怎样从卑微中走了出来，成为影响世界的著名人物。

他告诉女儿，这些人不管遭遇怎样的挫折，怎样卑微地生活过，他们的心中永远都充满自信，正是这股自信最终指引他们走向了最后的成功。

他的女儿叫格温多林·布鲁克斯，是世界上第一位获普利策奖的黑人作家。

20多年后，格温多林·布鲁克斯回忆自己童年的时候，曾经深情地说："我小时候，家里除了贫穷以外，还因为是黑人，被许多人看不起。父亲是靠卖苦力为生的，他一辈子没有享过什么福。因此，在很长一段时间里，我一直认为像我们这样地位卑微的黑人是不可能有什么出息的。是父亲让我认识了梵·高和安徒生，也是父亲让我认识到了黑人并不卑微。这两个人的经历让我知道，上帝没有看轻黑人。只要相信自己，通过自己的努力，任何人都有可能获得自己梦想中的成功，而自信正是走向成功的第一步！"

2

出身卑微并不可怕，对于很多草根阶层来说，卑微的出身会带给他们更多的思考，在思考中能沉淀更多的才能和智慧。

你无法选择自己的出身和家庭。这就好像上天发给你的第一手牌，得到好牌的人固然值得庆贺，拿到坏牌也并不代表你就一定会输。

假如我们拿到了一副还算不错的牌，我们最好争取去赢；假如我们不幸摊上了一副实在很糟糕的牌，我们也要尽自己最大努力找出一两张还不算坏的牌作为自己的强项，让结局变得相对好一些。而且，假如我们在此期间巧妙地把一张臭牌打出去，或许我们还有翻盘的机会。

要谨记：在人生当中可能拿到坏牌，但坏牌不意味着必输无疑。

诗人萨迪说："假如你的品德十分高尚，莫为出身低微而悲伤，蔷薇常在荆棘中生长。"

或许我们没有一个良好的出身和家庭背景，或许我们的先天条件没有别人好，但是只要我们敢于正视自己的劣势，敢于选择成功的道路，我们一样能走出精彩的人生。

因此，无论上天发给你的牌是"好"还是"坏"，它都对你的未来产生不了绝对的影响。假如你有梦想，就要勇敢去追寻，眼前的一点得失不要太过在意，要有长远的目光，要有自己坚定不移的信念和方向。人生的轨迹不要用他人的标尺来衡量，也不必刻意复制他人的脚步。

你的主人是你自己，只有放弃对生活的抱怨，往前走，不要回头，努力改变不好的状态，才能走出一条属于自己的道路。

3

他出生在孟买的一个贫寒家庭，七八岁开始就已经学会了帮着父母赚钱养家，他对低种姓阶层生活的不易有着深深的体会。

他的父亲在火车站旁边开了一个小小的茶摊，每天放学后，其他小孩都高高兴兴回家了，他却要背起书包，一路小跑到车站，帮助父亲卖茶。看着那奔驰而来或疾驶远去的火车，年纪小小的他内心总会生出无限向往，想象着自己正坐在那一排长窗的某一扇窗口前，看沿途的风景一一展开。

怀抱着这样一份梦想，他相比同龄孩子而言更加成熟。他意识到，在印度这样一个等级制度无比森严的国家，像他这样处在社会底层的人，只有通过不断努力才有可能改变卑微的命运。

数不清的夜晚，他就在如豆的油灯下，通宵达旦地学习知识。读的书越多，他的内心就越不安分。他苦苦冥思：自己的一生应该怎样活才能更有意义？从那时起，他萌发了长大后从政的梦想。

然而，他的想法却遭到了身边所有人的嘲讽，大家都说他不知天高地厚。

是啊，一个卖茶的穷小子，竟然有一个想要从政的梦想，简直就是异想天开！

面对那些嘲笑，他一笑置之，反而更加积极地参加各种社会活动，坚持为自己的梦想而奋斗。

卑微的出身如同牢笼一样禁锢着他，父母也不理解他，在他们看来，人的命，天注定，娶妻生子，安安稳稳地过完一生就足够了。他们按照传统为他订了一门"娃娃亲"，并在他刚满 18 岁时，强迫他与之完婚。无可奈何之下，他不得不按照父母的意愿完婚。一时的妥协并不意味着他放下了自己的梦想，没过多久，他便不告而别，悄悄离开了贫穷的家乡。

当时，印度政坛风云变幻，经济落后，民不聊生，两年的流浪生活，使他的人生阅历更加丰富，将他的意志磨炼得更加坚强，也让他更明白地看清了自己的梦想：做一个领头人，为自己的国家与人民做一些有意义的事。他再次返回家乡，并加入国民志愿团，一边经营父亲的茶摊，一边参加一些政治活动。

卑微的出身与对贫穷生活的深刻体验，让他更能设身处地为贫苦民众着想。他常常发表一些文章就民主问题进行评论，他的文章视角锐利、观点犀利，一度在印度政坛掀起狂风大浪。慢慢地，他的政治才能开始凸显，引起了多方人物的关注。

1981 年，他加入刚刚成立的印度人民党，几年后，被封为人民党古吉拉特邦秘书长，他作为组织者的才能日益得到认可，开始正式踏入主流政治圈。之后，他就如同所有的政坛明星，越来越有影响力，凭借优秀的领导能力，先后出任人民党全国秘书长、总书记甚至古吉拉特邦首席部长。2014年 5 月，在印度大选中，他以绝对优势战胜了出身政治豪门的国大党领袖拉胡尔·甘地，攀登上印度的最高政治舞台。

他的名字叫纳伦德拉·莫迪。

我们在降生的那一刻是一张白纸，日后的人生需要我们为它填充不同的色彩，赋予它不一样的内容。有人或许在想，有些人出生的时候有着好的背景，自己在起跑的时候就已经落后了，但若是有着这样怯懦的想法，你将永远追不上对方的脚步。

一个人所处层次的高低，与起点的高低无关，起点的高低并不意味着终点的高低，低起点更能磨砺一个人的心气。再卑微的起点，只要你肯努力，终点都可以是精彩无限！

优秀的人，拒绝让消极情绪过夜

有很多人不愿意将自己的不快倾诉给别人，在他们看来，向别人诉苦是懦弱、无能的表现，有可能会引起别人的嘲笑。其实，高层次的人，从来不避讳宣泄情绪，这是一种感情的排遣，也是一种心理调节术。

1

一位中年男子，母亲去世，妻子又患了癌症。数月里，他一直感到胸部疼痛不已，精神抑郁，吃药也不见效，不得不去医院仔细地检查。当他把一切告诉医生时，眼里充满泪水，可他还是克制着不让眼泪流下来。医生对他说："你可以在这儿哭，哭出来就好多了。"于是这位中年男子关起门来，足足哭了10多分钟。几天以后，男子的胸痛明显减轻了。

哭对缓解情绪压力是有益的。哭作为一种常见的情绪反应，对人的心理起着一种有效的保护作用。哭一哭，宣泄一下，心理上也会轻松痛快些。

心理学家认为，人在悲伤时不哭有害于人体健康。长期不哭的人，患病率要比常哭的人高一倍。

人在痛苦时都会有哭的冲动，这是正常的情绪反应。但一些人为了面子压抑自己，强忍哀伤不哭出来。

强忍泪水，只会加重抑郁，甚至憋出病来。强烈的负面情绪会造成你心理上的高度紧张，而当这种紧张被你压抑下去得不到释放时，势必成为一种积累待发的能量，引起机体植物神经系统功能的紊乱，久而久之，就会造成身心健康的损害，促成某些疾病的发生与恶化。

2

自然地哭出来，对身体有很多好处。

人体排出眼泪，可以把体内积蓄的导致忧郁的化学物质清除掉，从而减轻心理压力，保持心情舒畅。

眼泪可以缓解人的压抑感。测试发现，正常人的泪水是咸的，糖尿病人的泪水是甜的，而悲伤时流出的眼泪，含有更多的荷尔蒙。人遇到悲伤的事情时，如果能放声痛哭一场，流泪后的心情往往会好许多，这是由于悲伤产生的毒素通过眼泪排泄了出来。

一个男孩和女友刚刚分手，内心很痛苦。一次同事聚会他喝醉后，和一个同事提起这件事，没想到那个同事竟然嘲笑他把感情看得太重，不是男子汉，还同另一个同事一起嘲笑他。

男孩觉得非常愤懑，他从此再也不敢对别人提起这件事。不久，他的前女友与另外一个男子结婚了，男孩深受打击，甚至有了轻生的念头。

另一个男孩，当女朋友提出与他分手的时候，他的外表非常冷静，以致谁也无法从他的脸上观察到一丝一毫的情绪表现，可他内心却如翻江倒海波涛汹涌——三年的感情就要在今天结束。

这个男孩去了一家酒吧，默默地喝了几杯酒后就平静地回到了家里。

第二天，他来到无人的旷野，大声地嘶吼，顺着无人的山路疯狂地奔跑，汗水湿透了他的衣服。

第三天，早上8点，他站在镜子前微笑，整理了一下领带就去上班了。他很平静地来到公司，他知道前面有一段全新的生活在等待着他。

高层次的人，不会死要面子，他们会找好宣泄情绪的渠道。

哭泣和倾诉并不是一件丢人的事情，这是正常的感情排遣。

但层次的差异就在于，高层次的人拒绝自我设限，而低层次的人，往往把自己变成"祥林嫂"：把自己的痛苦和烦恼廉价地贩卖给每一个人，甚至会遭受同"祥林嫂"一样的命运——旁人的麻木、鄙夷和敬而远之。

第五章

拒绝诱惑，修剪名利的枝节

　　层次高的人，都会深入分析自己，首先了解什么对自己最重要，然后用有限的时间和精力，专注地追求，从而获得最大的幸福。

　　拒绝一些不能带来效用的物品，控制徒增烦恼的精神活动，简单生活，从而获得最大的精神自由。

层次越高，幸福越简单

一位智者曾说："生命如果以一种简单的方式来经历，连上帝都会嫉妒。"可以说，层次越高的人越简单。

高层次的人知道，幸福就在我们身边，只要少一些物欲，学会让自己的生活变得简单一些，让内心满足，我们就能把握住幸福。

1

一个国王有一个独生子，国王很疼爱他，视若掌上明珠。可这个王子总是郁郁寡欢，整天站在阳台上，看着远处。

"你还缺什么吗？"国王问他，"你到底怎么了？"

"我也说不清，爸爸，我自己也不清楚。"

"你恋爱了？如果你想要哪个姑娘，告诉我，我会安排你们结婚的，不论是世界上最强大的国王的女儿，还是最穷困的农家女子，我都可以给你解决！"

"不是，爸爸，我没爱上什么人。"

国王想方设法让儿子开心，戏剧、舞会、音乐、歌曲都毫无效果，王子脸上的红润眼看着一天一天消退，渐渐变得憔悴。

国王只好发出命令，从世界各地召来了许多有学问的人：哲学家、博士、教授。他让大家见了王子，然后征求大家的意见。这些人退出去想了想后，又来见国王，说："陛下，我们想过了，并研究了星象，必须这样做：找到一个非常快乐的人，这个人，从无烦恼，也无奢望，然后把他的衬衫跟王子的交换一下就行了。"

当天，国王就派出使者到世界各地寻找这个快乐人。

一个神父被带了回来，国王问他："你快乐吗？"

"很快乐，陛下。"

"那好，你愿意成为我的主教吗？"

"那可太好了，陛下！"

"出去！快滚出去！我找的是一个安于本分的幸福的人，而不是一个不满于现状的人。"

国王又开始等待下一个快乐的人。他听说邻国有一个国王，那真是又幸福又快乐。他有一个善良美丽的妻子，子女成群。他曾在战争中打败了所有的敌人，现在国泰民安。满怀希望的国王当即派出使者去向他求讨衬衫。

邻国国王接待了使者，说："对，对，我什么东西也不缺，可悲的是一个人拥有了一切，却还得离开这个世界，抛弃这一切！每次这样一想，我就深感痛苦，夜不能寐！"使者听后，失望地回国。

国王一筹莫展，只好去打猎散心。他射中一只野兔，以为可以抓到它了，可没想到，野兔一瘸一拐地逃走了。国王便在后面追了过来，把随从都甩在后边老远。追到一处野地，国王听见有人在哼着乡村小调。国王停下来，想：这样唱歌的一定是个快乐的人！想着便循着歌声钻进了一座葡萄园，在葡萄藤下，他看到一个小伙子边摘葡萄边唱歌。

“您好，陛下，”小伙子说，“您这么早就到乡下来了？”

“小伙子，你愿意跟我去京城吗？你可以做我的朋友。”

“啊，啊，陛下，不愿意，我一点也不想去，谢谢您。就是让我做教皇我也不愿意。”

“那是为什么，像你这样一个棒小伙子……”

“不，不，跟您说实话吧，我觉得现在的生活很快乐，我很满足。”

国王想：我总算找到一个幸福的人啦！

“年轻人，你能帮我一个忙吗？”

“陛下，只要我能做到，我会全力以赴的。”

“你先等等。”国王欣喜若狂，跑着去叫那些随从，“快过来！快过来！我的儿子有救了！我的儿子有救了！”然后他把随从们都带到了小伙子这里，说：“小伙子，你想要什么我都会给你！但你给我，给我……”

“什么东西，陛下？”

“我的儿子就要死了，只有你能救他。来，你过来！”国王抓住快乐小伙子，解开他外衣的扣子。突然，国王僵住了，手耷拉了下来。

这个快乐的人没有衬衫。

2

一个阳光明媚的上午，爱因斯坦刚要走出办公室，助手过来告诉他说：“有人想请你周末去做一次演讲，报酬是一万美元。"

爱因斯坦没有丝毫犹豫，便一口回绝："我周末有安排，没时间。"

"难道您不能少给苏菲补一次课吗？"助手知道他每个周末都会去给读初中的小女孩苏菲辅导数学。

"不能，我还想着她的糖果呢。"爱因斯坦笑眯眯地说道。

"她的糖果就那么甜吗？"助手不明白他对那个偶然认识的、并不知道他名字的小女孩为何那样用心，宁可推却许多能为自己赢得更大声誉、赚得丰厚报酬的讲座、报告或社会兼职，也要风雨不误地去给她辅导数学。要知道，苏菲付给他这位"数学特棒的老头"的报酬，就是自己的一半糖果。

这一天，看到爱因斯坦又满面春风地从苏菲那里回来，助手忍不住好奇地问他为什么那样高兴。

爱因斯坦自豪地告诉助手："今天，苏菲的老师夸奖了她，说她数学有了不小的进步，说她找了一个优秀的家庭教师。小姑娘也特别高兴，特别奖励了我一把糖果，这让我感到特别愉快。"

后来，在爱因斯坦的日记中，人们又看到了他对这件小事的重视——他说苏菲那天送给他的那把糖果，只是拿在手里看着，心里就有一股特别的甜味儿。它带给了他无比的快乐，带给了他十分珍贵的财富。

在这位世界闻名的大科学家眼里，小女孩灿烂的笑容和一把普通的糖果，就是滋润生命的最好甘泉。可以说，爱因斯坦拥有最富足的生活方式。

简单一点才能"减负"，简单点，再简单点，不用挖空心思去依附权势，不必去贪图名利富贵，用不着留意别人看你的眼神，不用去计较那些不必要的复杂，该哭就哭，想笑就笑，简简单单地生活，势必能够收获一颗如莲花般的素心。

3

生活是纷繁复杂的，但我们能选择简单的生活方式。过于在意生活中的繁杂，生活就会变得繁杂，万事看得简单一些，自然就能找到一种简单、平常的生活方式。

将万事看得淡一些，不要为自己的生活添加太多华而不实的点缀，那些只能成为生活的负累。

生活也好，感情也罢，看得简单，便是简单。如果时常担心忧虑，那么就感受不到幸福所在。

富足的人过着富足的生活，体味着富足的幸福，但是贫困者也可以过着简单而快乐的生活，体验着贫困者固有的幸福。没有人的幸福会被剥夺，或贫或富，各有各的快乐，只要你心里觉得舒服，只要你心里感到满足，这就足够了。

过度的物质生活有时候显得虚伪和多余，而平凡生活中的快乐和幸福反而来得更为真切纯粹，更能打动人心。

抛弃浮华，不忘初心

一个人想养活自己很容易，但要想满足自己的欲望就会很困难。很多人渴望自己是个高层次的人，但他们错误地理解为，所谓高层次就是得到更多，渴望拥有更多，所以永远都在不知足中苦苦挣扎，永远都在为自己的富贵计划而烦恼。

真正的高层次，是抛弃浮华，不忘初心。

1

还记得莫泊桑的小说《项链》里的女主人公玛蒂尔德吗？她住着寒碜的房子，却梦想着幽静的厅堂；她吃着"好香的肉汤"，却梦想着名贵的佳肴；她有丈夫的呵护，却梦想着最亲密的男友。现实和梦想的落差很大，可谓"心比天高，命比纸薄"。

有人说幸福是以梦想做分母、以现实做分子的分数。这样看来，玛蒂尔德分母的欲望数值太大，所以幸福值是很低的。因此，她整天生活在痛苦之中，但显然这痛苦是她自找的，可谓木匠做枷——自作自受。

玛蒂尔德为了参加舞会而向有钱的女朋友借来"钻石"项链，从而在舞会上大出风头，让自己膨胀的虚荣心得到了最大限度的满足。但乐极生悲，项链的丢失使她不得不用 10 年的节衣缩食和艰辛努力来偿还债务。于是，她辞退了女仆，迁移了住所，生活由温饱型变成贫困型，她本人也由夫人变成了平民妇女。等她还清所有债务后，才得知所丢的项链是假的，而她为一串才值 5 法郎的假项链付出了 10 年的艰辛，消磨了 10 年的青春年华。

试想，如果当年参加那个舞会，玛蒂尔德听她丈夫的话，简单地戴上几朵花，或者干脆什么都不戴，简简单单地去享受那份愉快，之后的人生肯定是大不相同的。强烈的虚荣心毁掉了她的一生。

2

曼谷的西郊有一座寺院，因为地处偏远，香火一直非常冷清。

原来的住持圆寂后，索提那克法师来到寺院做新住持。初来乍到，他绕着寺院四周巡视，发现寺院周围的山坡上到处长着灌木。那些灌木呈原生态生长，树形恣肆而张扬，看上去随心所欲，杂乱无章。索提那克找来一把园林修剪用的剪子，不时去修剪一棵灌木。半年过去了，那棵灌木被修剪成了一个半球形状。

僧侣们不知住持意欲何为，问索提那克，他却笑而不答。

这天，寺院来了一个不速之客。他衣衫光鲜，气宇不凡。法师接待了他，寒暄，让座，奉茶。对方说自己路过此地，汽车抛锚了，司机正在修车，他便进寺院来看看。

法师陪来客四处转悠。行走间，客人向法师请教了一个问题："人怎样才能清除掉自己的欲望？"

索提那克法师微微一笑，折身进内室拿来那把剪子，对客人说："施主，请随我来！"

他把来客带到寺院外的山坡。客人看到了满山的灌木，也看到了法师修剪成形的那棵。

法师把剪子交给客人，说道："您只要能经常像我这样反复修剪一棵树，您的欲望就会消除。"

客人疑惑地接过剪子，走向一丛灌木，咔嚓咔嚓地剪了起来。

一壶茶的工夫过去了，法师问他感觉如何。客人笑笑："感觉身体倒是舒展轻松了许多，可是日常堵塞心头的那些欲望好像并没有放下。"

法师颔首说道："刚开始是这样的。经常修剪，就好了。"

来客走的时候，跟法师约定他10天后再来。

法师不知道，来客是曼谷最负盛名的娱乐大亨，近来他遇到了以前从未经历过的生意上的难题。

10天后，大亨来了；16天后，大亨又来了……3个月过去了，大亨已经将那棵灌木修剪成了一只初见雏形的鸟。

法师问他，现在是否懂得如何消除欲望了。

大亨面带愧色地回答说："可能是我太愚钝，每次修剪的时候，我都能气定神闲，心无挂碍。可是，从您这里离开，回到我的生活圈子之后，我的所有欲望又会像往常那样冒出来。"

法师笑而不言。

当大亨的鸟完全成形之后，索提那克法师又问了同样的问题，大亨的回答依旧。

这次，法师对大亨说："施主，你知道为什么当初我建议你来修剪树木吗？我只是希望你每次修剪前，都能发现，原来剪去的部分，又会重新长出来。这就像我们的欲望，你别指望完全消除。我们能做的，就是尽力把它修剪得更美观。放任欲望，它就会像这满坡疯长的灌木，丑恶不堪。但是，经常修剪，就能成为一道悦目的风景。对于名利，只要取之有道，用之有道，利己惠人，它就不应该被看作是心灵的枷锁。"

大亨恍然大悟。

3

两个僧人从山间走过，看到一位隐士正在耕田，僧人说："我们特地来拜访您，因为您是一个有大智慧的人。我们都知道，您曾官居宰相，在官职最高的时候主动离开，在这里隐居。我们想知道，是什么让您愿意过这么简朴的生活？"

隐士说："家财万贯，一日不过三餐；广厦万间，夜眠不过三尺。我有什么放不下的？如今我每日怡情养性，著书立说，过的是最逍遥的日子。"

僧人听了不禁感叹："这是智者才说得出的话啊！"

人生只需吃能够解决温饱的饭，无需山珍海味，无需满汉全席；人生只需住可以容身的房子，无需雕梁画栋，无需广厦千尺；人生只需穿可遮蔽身体的衣服，无需锦衣华服，无需珠饰环佩。这样的生活对于多数人而言未必会很精彩，却能够从中找到最纯的幸福。

我们常常昂首去寻找天际的风，却不知风正在指尖缠绕流走，正在周身游弋飘荡。其实，只要抛弃浮华，不忘初心，人生就不会被外界的繁华世界所束缚，只要心境淡薄，就能自在逍遥。

有诗云："春有百花秋望月，夏有凉风冬听雪，心中若无烦恼事，便是人间好时节。"意思是不为物欲所累便能获得幸福。

中国世俗圣贤中也不乏这类觉悟者。当年孔子夸奖他的学生颜回，说"一箪食，一瓢饮，在陋巷，人不堪其忧，回也不改其乐"。这是说生命本来的喜悦绝不是贫困所能剥夺的。

我们总是将快乐简单地定义为欲望的满足，认为只有自己得到了想要的东西，完成了心愿，才可以获得幸福，而欲望的满足常常又停留在荣华富贵这些浮世的繁华之上。

名利并不可怕，可怕的是对名利无止境的贪念，真正摧毁一个人生活的并不是名利，而是随名利而来的虚荣、黑洞一样越来越大的欲望。追求名利，同时不被名利左右的人，才是有理想、有智慧的人。

高层次的人，拒绝成为欲望的俘虏

生命如舟，载不动太多的物欲和虚荣，要想使之在抵达彼岸前不至于中途搁浅，就必须轻载，只取需要的东西。这也是断舍离的真谛。

一旦被贪欲、物欲、色欲所羁绊，就无法轻松前行，更不可能宁静致远。高层次的人，会将不必要的欲望统统抛弃，果断地与欲望断、舍、离，真正地主宰自己的人生。

1

有个人善于游泳。一天，河水暴涨，水势很急，他与同村的五六个同伴一起乘船到河对岸去办事，结果，船到河中间的时候突然开始进水，水止不住地涌进了船里。

眼看船就要沉了，因为都识得水性，大家便干脆跳下船，准备游到对岸。这个人也跳下了船，虽然拼命地向前游，却游得很慢。

他的同伴问他："你平时游泳比我们都强，今天怎么啦，竟然落在了我们后面？"

这人十分吃力地说道："我腰上缠着一贯铜钱，很沉，我游不动。"

"赶快把它解下来，丢掉算了。"同伴们都劝他。可是他摇着头，舍不得扔掉这一贯钱。渐渐地，这个人越游越慢，很快筋疲力尽。

这时，同伴中的一些人已经游到了对岸，看见这人马上就要沉下去了，于是冲他大喊："快把钱扔了！你为什么这样愚蠢，连性命都保不住了，还要这些钱有什么用？"

可是这个人还是舍不得扔掉这些钱。不一会儿，他就沉下去淹死了。

俗话说得好："钱不是万能的，没有钱是万万不能的。"在现实世界中，没有金钱真的寸步难行，可以说，80%的人生目标，都可以靠金钱实现。

然而，金钱也是把双刃剑，它能创造精彩的人生，也能让人自取灭亡。

所以，一定要学会与欲望断舍离，别太计较贫富贵贱，别让欲望蒙住了自己的眼睛，别让金钱断送了自己的幸福。

2

几个年轻人一同外出度假，他们在海边看见了一栋5层的旅馆，决定在这家旅馆过夜。

旅馆的门童向他们解释道："我们一共有5层楼，你们可以一层一层地走上去，一旦觉得某一层的设施令你们满意，你们就可以停留下来。为了帮你们做出决定，我们在每一层楼都立了块告示牌，上面写明了这一层都有些什么。但是要记住，一旦决定住某一层，就不能再反悔。"

年轻人听明白规则后，都很感兴趣。他们走进了旅馆。

在第一层楼，他们看到告示牌上写着："这里的房间床板都很硬，地毯也是旧的，而且没有上门早餐的服务。"看了这个，年轻人哄笑起来，他们毫不迟疑地向楼上走去。

第二层的告示牌上写着："这里的房间还好，床板不太硬，地毯半新，但没有上门早餐服务。"这个当然也没能留住几个年轻人的脚步。

行进到第三层楼，告示牌上写的是："这里的房间很舒适，床很软，而且还有上门早餐服务，唯一不足的是地毯有些旧了。"

这个看起来不错，年轻人讨论着，可是上面还有两层楼呢。于是，他们还是放弃了。

到了第四层，这一层的告示牌上的内容几乎是完美的："这里不仅房间舒适，而且所有用品都是新的，并且，明早会有上门早餐服务，我们还会送您水果。"

这一次，几个年轻人都有些心动了。他们商量了一会儿，结果却没有达成一致，因为有人还想到第五层看看。

他们终于来到了第五层，然后，他们都傻眼了。这一层空荡荡的，一个房间也没有，告示牌上写着一行字："这里没有房间，更不用说一个舒适的夜晚。设置这一层楼的目的只是为了玩笑，但遗憾的是，您是又一个被玩笑捉弄的人。"

3

李斯是秦代著名的政治家、文学家和书法家。他是秦朝的开国功臣，以卓越的政治远见和出色的能力辅佐秦始皇统一六国，建立秦朝，并出任丞相。但是，李斯一生追求名利地位，为了地位，他与宦官赵高勾结，害死公子扶苏，扶持胡亥成为皇帝。

他因《谏逐客书》成为嬴政的亲信，学识过人，但他妒忌韩非的才能，还对他加以迫害，可见他功名之心太重。他虽是能臣，但常常为了自己的地位违背原则。

当秦二世胡亥上台后，渴望权势的李斯不可避免与当权宦官赵高发生矛盾，他成了失败者。

李斯被腰斩前，曾悔恨地对身边的儿子说："真希望能和你像以前一样去山里打猎。"即将被腰斩的儿子流下眼泪。

名利害人，古今皆同。司马迁说："天下熙熙皆为利来，天下攘攘皆为利往。"

人活于世，追求名利是一种常态，一个人要想实现自身的价值，想让更多人了解、尊重自己，这样的名是每个人需要得到的；一个人想要通过努力累积财富，改变自身的条件、个人的生活，这样的"利"是每个人必须追求的。

"名利"并不是一个贬义词，人们常说"名利害人"，是因为有人过度地追求名利，以不正当的方式得到名利。换言之，害人的不是名利，而是自己的心。

正当的欲望都是合理的，但如果追求过多，那无疑是给生活上了一把锁。一个丧失心灵自由的人何谈快乐？所以，不要让欲望把心装得太满。

拒绝贪心，只盯住那只兔子就够了

生活中，谁都会遇到"鱼和熊掌"不可兼得的情况，你必须暂时忍痛割爱，拒绝一些贪念。这不是逃避，不是懦弱，而是明智的选择，只有如此才能开始崭新的历程。

1

慧远禅师年轻时喜欢云游四海。有一次，他遇到了一位嗜好吸烟的行人，两人一起走了很长一段山路，然后坐在河边休息。行人给了慧远禅师一袋烟，慧远高兴地接受了行人的馈赠。两人一边抽烟，一边聊天，谈得十分投机。分手前，行人又送给慧远一根烟管和一些烟草。

待行人走远，慧远突然想到：烟草这种东西令人十分舒服，肯定会干扰我的禅定，时间长了一定难以戒掉，还是趁早扔掉为好。于是，他随手一挥，把烟管和烟草全部扔掉了。

几年后，慧远迷上了《易经》。那年冬天，天寒地冻，他写信给自己的老师要求给他寄一件棉衣，但是信寄出去很久，冬天已经过去，山上的雪都开始化了，棉衣还没有寄来，送信的人也没有任何音信。于是，慧远现学现卖，用《易经》为自己卜了一卦，结果显示那封信并没有送到老师那里。他心想：《易经》占卜固然准确，但如果我沉迷此道，怎么能够全心全意地参禅呢？从此，他再也没有接触占卜之术。

之后，慧远又一度迷上了书法。他每天钻研，居然小有成就，有几个书法家也对他的书法赞不绝口。但慧远又想到：我又偏离了自己的正道，再这样下去，我可能成为一个书法家，但永远也成不了禅师。于是，他再次收束心性，一心参禅，远离一切和禅无关的东西，终成一代宗师。

2

游牧民族的孩子从小就要学习牧羊和打猎，看到丰茂的森林草地，全族的青壮年男子就要冲进去寻找猎物。

一个孩子刚刚学会骑马，在叔叔的带领下学习打猎，想要一展身手。

小孩子爱玩，心态又浮躁，看到兔子就想追兔子。正在追兔子，旁边蹿出一只鹿，他又想追那只肥大的鹿。这时，一只野鸡从头上飞过，他又想弯弓射箭打下野鸡。就这样，孩子看到什么想打什么，打不到这一个，回头想找一开始看到的那个，早跑没影了。他忙了一天，两手空空。

叔叔告诉他："我第一次打猎和你一样，看见什么想打什么。其实，一次只能射一箭，得到一只猎物就是收获，为什么要贪心呢？只有戒掉这个毛病，你才能成为一个优秀的猎手。"

打猎如此，做其他事也是一样。目标一旦堆积，就会造成视觉上和心理上的双重障碍。头脑清醒的人会从一开始就盯准一个目标，抓到手再着手下一个。

一个人不能同时追赶两只兔子。如果一只兔子朝东，一只兔子朝西，这个人只能留在原地，一无所获。如果兔子再多一点，这个人恐怕连怎么抓兔子都忘了，光顾着究竟追哪只，成为一个彻头彻尾的空想家。

大千世界，机会无处不在，诱惑无时不有，如果不能认定一个，而是四面出击，不论是精力还是头脑，都会不够用。

3

先贤孟子曾说过："鱼，我所欲也；熊掌，亦我所欲也，两者不可得兼。"就是说，在人生旅途中，我们经常会遭遇到两难的问题，选择就意味着要放弃其中一样。可是，有时我们所面对的并非西瓜和芝麻这样简单的选择，它有可能是两种你同样喜爱并都想得到的东西，让你两样都难抛下。

这时，你该如何去做呢？

问题的关键所在，就是要认清自己真正需要什么，什么东西对我们更重要，这样才能找到前进的方向。方向找对了，选择也就相对容易了。

俗话说，人心不足蛇吞象。一条蛇想要吞下一头大象，就像我们每天面对外部世界的诱惑，什么都想得到，偏偏我们精力有限、金钱有限，如果一味去追求，有可能让自己累倒在半路。就算有一座金山摆在眼前，我们能拿的，也只是自己拿得动的那一部分，不然不是在半路晕倒，就是在金山里饿死。不得不承认，以我们有限的生命和能力，追求不了那么多东西，也承担不了那么重的负担。

既然一个人的能力决定了他能获得什么，努力程度决定了他能获得多少，贪心就成了一种自我折磨。就像小时候我们吃着糖果，如果总是想着没吃到的饼干，或者想着第二天吃的蛋糕，目标太多，就会造成心理上的混淆，最后吃到嘴里的都不香甜。还有的时候，我们顾此失彼，不看自己手里的这个，而是紧盯着别人手里的，最后两边落空，自己难过。不如简单一点，专一一点，把握住自己眼前的东西，因为抓得住的永远比抓不住的重要，自己手里的总比别人手里的安全。

人生的道路也是如此，很多时候，我们不止有一个选择，哪个方向都有自己想要的东西，哪个方向都是一种诱惑，我们必须下定决心选择一个，才能用最短的时间到达目的地。选择也需要智慧，我们选择的地方不应该是虚幻的海市蜃楼，而是那些我们的目光也许不能到达，但相信自己有足够能力到达的地方。

任何时候，专一的人都比左顾右盼的人拥有更多把握成功的时间和机遇。所以，盯住你要的那只兔子，不要放弃。

拒绝让金钱主导你的生活层次

　　金钱的价值在于交换，可以给人们带来各种层次的满足，例如住房、饮食、衣着、娱乐……都能用金钱予以满足，只要不过量、不滥用，拥有金钱就是生存和生活的保证。但是，层次低的人却把金钱当作收藏品，完全扭曲了金钱的价值。他们看似是金钱的主人，其实却成了金钱忠诚的仆人——一个暂时的保管者，一个活动的保险柜。

1

　　从前有一个乞丐，他经常自言自语："我真想发财呀！如果我发了财，我要让所有的乞丐都有房子住，吃饱穿暖，我决不做吝啬鬼……"

　　就这样一遍遍地祈祷，终于有一天，一个神仙找到了他。

　　神仙对他说道："我听到你的祈祷了，你就要发财了，我这就给你一个有魔力的钱袋。这钱袋里永远有一枚金币，是拿不完的。但是，在你觉得够了的时候，就必须把钱袋扔掉，才可以开始使用那些金币。"说完，神仙就不见了。

　　乞丐惊讶地揉了揉眼睛，以为自己是在做梦。

　　直到他发现自己的身边真的出现了一个钱袋，里面装着一枚金币，才确信刚才的神仙是真实存在的。

乞丐把那枚金币拿出来，里面又有了一枚。于是，乞丐不断地往外拿金币，他一直拿了整整一个晚上，金币已有一大堆了。看着这些钱，乞丐想：这些钱已经够我用一辈子了。

第二天一早，他想拿钱去街上买面包吃。

但是，在花钱以前，必须扔掉那个钱袋。乞丐舍不得扔掉那件宝贝，又继续从钱袋里往外拿钱。每当他想花钱买东西的时候，一想到要把钱袋扔掉，他就觉得钱还不够多。

就这样，日子一天天过去了，他的金币越来越多，多到可以买下一个国家。

可是，他总是对自己说："还是等钱再多一些才好。"于是，他不吃不喝拼命地拿钱，金币已经快堆满一屋子了，他却变得又瘦又弱，脸色蜡黄。他虚弱地说："我不能把钱袋扔掉，金币还在源源不断地出来啊！"

就这样，接连几天乞丐都水米未进，已经成为大富翁的他，变得十分虚弱。即便如此，他还在用颤抖的手往外掏金币。最后，由于又累又饿，他死在了成堆的金币里。

2

1980 年，美国通过《新难民法案》，居住在纽约水牛城收容所的 512 名难民因此成了美国的合法公民。他们大多是来自贫困国家的偷渡者，来美国的目的是寻找自由和幸福。

2004 年，新法案颁布 25 周年，这批得益于该法案的人搞了一次集会。他们承认自从成了美国公民，生活有了空前改善，但是，幸福的梦想远远没有实现。

霍华德·休斯是位法学博士，专门研究难民问题，他闻知此事，展开了调查。

首先，他对那批难民的身份进行了一次全面核实，发现这512人有一个共同点，那就是在原居住国都比较贫穷。另外，还有一些类似的经历，比如，偷渡来美的时候，都与船老大签订过生死契——只要能去国外发财，路上是死是活，船主概不负责。

接着，霍华德博士又对他们来美后的经历进行了考察。他发现，这批偷渡者由于都有着强烈的发财梦，来美后，经过二十余年的拼搏，日子过得都不差，有将近一半的人，靠冒险和吃苦的精神达到了美国中产阶级的水平。

那么，他们为什么仍抱怨没有过上幸福生活呢？

为了找出根源，霍华德博士对他们一一进行调查。下面是他对其中4位所做的调查记录：

第一位是水产商，初来美国时，在迈阿密的水产一条街做黄鱼生意，现已由原来的一间店铺，发展为连锁店。20年来，为挤垮竞争对手，未休息过一天，更未出外度过一天假。

第二位是二手车经销商，住休斯敦郊外，别墅面积1518平方米，二楼为仓库，存旧车胎3600条、旧发动机420台。现有旧车7辆，改装的摩托车6辆。

第三位是房产开发商，1995年之前，在13个市镇拥有房产开发权，因逃税被判一年六个月监禁，剥夺开发权，罚款860万美元，现从事涂料进出口业务。

最后一位是中介商，来美国后，一直从事海地、多米尼加等国的劳务输出工作。通过他的努力，本家族60%的人在美打工或暂住，现和他一起居住的亲属14人。

霍华德的调查报告长达730页，历数了每个人的生活状态。这份报告被交到美国国务院之后，迅速被移交到移民部。没过多久，原纽约水牛城收容所的512名难民每人收到了一个小册子，小册子的封面上写着：一个穷人成为富人之后，如果不及时修正贫穷时所养成的贪婪，就别指望能跨入幸福的境界。

2005年1月15日，美国《加勒比海报》报道，有一位来自加勒比海地区的富翁卖掉公司，打算去过简朴的生活。而第二天，霍华德博士就收到了美国移民局的一封信：这批难民中，已有一人找到了富裕后的幸福。

3

无论你喜欢与否，钱在你的日常生活中都占据着非常重要的地位，如果你忽视这样一个事实，就很难变得富有。

但是，承认金钱的重要，并不是想让金钱来主导我们的生活。要想获得真正的幸福，其中有一个最基本的法则就是要热爱金钱并且懂得正确地使用金钱。

你可以享受金钱，尊重并使用它，合理地规划你的花销，还可以梦想拥有更多的金钱，但你要记住，千万不要为金钱而活。钱只是一种工具，一种交换方式。当然，拥有金钱总比永远为金钱苦苦挣扎奋斗要快乐，不过，令人遗憾的是，大多数人还在被金钱奴役着。

欧美大富翁们教育子女都有一套自己的方法。这些富翁大多经历过创业、守业的艰苦时期，不希望他们的后代是只懂得挥霍的纨绔子弟。他们会鼓励后代从小就认识到金钱的价值，靠自己的劳动换取需要的零用钱，而不会纵容孩子的欲望，让他们养成挥金如土的习惯。他们用各种方法告诉子女，金钱来之不易，要用它们做最有用的事，而不是胡乱使用。更重要的是，富翁们希望子女们能有更多的机会接触到那些金钱无法买到的东西，不要从小就成为金钱的奴隶。

人类的幸福感的确需要物质基础，但大部分与金钱无关。钱可以买到钟表，但买不到时间；钱可以买到娱乐，但买不到快乐；钱可以买到朋友，但买不到友谊。幸福感大多来自家庭的温暖、事业的成功、人际关系的和谐，更重要的是心灵的满足。这些都是金钱买不到的东西，却也是最宝贵的财富。

盛名并非花冠，很多时候是桎梏

平凡的人会羡慕那些拥有盛名的人，同时也希望自己能有那种非凡的影响力，但是被盛名所包围的人却很清楚，这种压力是无法言语的。

高层次的人懂得，名利就像玩具，偶尔拿来把玩可以调剂生活，但若是抱住不撒手，生活反而会被它给毁了。

1

很久以前，有一个年轻的剑客，他喜欢到处向成名的剑客挑战。因为他的剑术高超，所以顺利地击败了所有的对手。

年轻的剑客听说在某地住着一位有名的剑客，传说他是一位传奇人物，剑术绝妙，无人能敌。

于是，好胜的年轻剑客决定向这位名剑客挑战。

历经千辛万苦，他终于在一个山村里见到了这位名剑客。

年轻剑客原本以为自己见到的会是一位相貌堂堂、气质出众的大人物，谁知对方竟是一个不修边幅、身材瘦小、长相普通的老人，一点也没有剑客的威风。更出乎他意料的是，老人的剑已经锈得无法再从剑鞘中拔出来了。

面对年轻剑客的挑战，老人毫不理睬，只管低头吃饭。此时正是盛夏，屋子里有好多苍蝇在嗡嗡乱飞，老人连眼皮都没有抬起，忽然伸手用筷子从空中夹住了四只苍蝇，一字排开放在桌上，然后继续吃饭。

年轻剑客看得目瞪口呆，他的骄傲瞬间消失得无影无踪，意识到自己的剑术根本不可能胜过这位老人。后来，他拜老人为师，潜心修炼，几年之后，他的剑也同样锈在了鞘里。

剑是锈了，可是心境却更澄明了。真正的争斗不是去打败别人，而是战胜自己。只会用身外物和别人一较高低的人，根本不明白真正有价值的是什么。

2

玛丽·居里出生在波兰华沙，1891年进入巴黎大学学习，1893年和1894年分别取得了物理学硕士和数学硕士学位。1895年，玛丽与皮埃尔·居里结婚，开始了对放射性元素的研究。1898年7月，他们发现了一种新元素，将其命名为钋。同年12月26日，他们又发现了一种比铀的放射性要强百万倍的新元素镭。但是当时还没有实物来证明镭的存在，科学界对他们的发现表示怀疑，也没有机构同意为他们提供实验室做研究。

居里夫妇只好在一个简陋的大棚子里做实验，历经了4年的艰辛提炼后，他们终于从8吨沥青铀矿渣中提取出了0.1克纯镭，价值超过1亿法郎。这不仅赢得了科学界人士的普遍认可，也使他们成为核物理学的奠基人，居里夫妇还因此共同获得了1903年诺贝尔物理学奖。

1907年，居里夫人提炼出了氯化镭。1910年，她测出了氯化镭的各种特性，并以《论放射性》一书成为放射化学的奠基人。"由于对科学的执着与贡献"，居里夫人于1911年获得诺贝尔化学奖。

在科学领域上享有盛名的居里夫人，生活却极为简朴。

曾有一位记者要采访她，当来到一所简陋的房子前，记者看到一个衣着简朴的妇人正赤脚坐在台阶上洗衣服。他过去询问居里夫人的住处，当那妇人抬起头时，记者大吃一惊，原来她就是居里夫人。

当初发现了镭之后，居里夫妇讨论如何处理那些请求他们告诉提炼镭的方法的信件，整场交谈在 5 分钟之内就结束了。居里先生说："我们必须在两个途径中选择一个，一是无偿公开镭的提炼方法……"居里夫人说："这样很好，我赞同。"居里先生说："二是将提炼方法申请专利，以后任何人想提炼镭都要经过我们的同意，并且我们的孩子可以继承这一专利。"居里夫人不假思索地说："这违背了科学精神，我们还是选第一个办法吧。"于是，他们向世界公开了镭的提炼方法和其他相关资料。

有一位女性朋友去居里夫人家里拜访她，发现她的小女儿正拿着英国皇家科学院颁给居里夫人的金质奖章玩耍。朋友大吃一惊，问道："你怎么能把这么宝贵的东西给孩子随便玩儿呢？"居里夫人回答："我想让孩子从小就懂得，荣誉就像玩具，只能偶尔把玩，绝不能永远守着它，否则将一事无成。"

3

生活中，很多人都热衷于虚名，以为追求的是花冠，却不知是桎梏。王安石的《寄吴冲卿》诗中有一句"虚名终自误"，令人警醒。

追求荣誉，无可厚非，但应该分清是什么样的荣誉：是名实相符，还是盛名之下其实难副的名誉。后者不仅徒累自身，还可能招致灾祸。

盛名是不应该背负的，拥有盛名的人往往过得并不如意，原因就在于盛名给他们带来了很多负担。人的处境往往是由自己的心态决定的。人生就像爬山，爬了上去，也还是要下来的。爬得太高，在自己心态不平和的情况下，一旦跌落下来，会摔得很重。一个人背上了盛名，就应该学会低调。

　　名声是把双刃剑，你用它装点自己的时候，同时也是在给自己埋下隐患。如果你有一种泰然处世的心态，就会对盛名避而远之。这才是真正的层次和境界。

第六章

拒绝冗余社交，远离带来消极作用的圈子

人的层次不是由社会阶层和财富决定的，也不是由地域和出身决定的。

决定一个人层次的是他们的经验、阅历、眼界、价值观、格局、支配时间的方式以及人生的趣味。

人由于有了不同的层次，于是便有了不同的圈子。每个圈子里的人都有着那个圈子独特的群体特征。

群体特征的叠加，使得每个圈子都自带各自的能量场。高层次的圈子自带正能量场，而低层次的圈子则带着负能量场。

如果想要自己的人生充满阳光，那就请远离你身边的负能量场，远离那些带来消极作用的圈子！

拒绝朋友圈的负能量
“只要你过得没我好”

你有众多朋友，你的生活应该是很愉快的，但你突然发现，自己并不快乐。自己的状态越来越不好，甚至怕见人，感觉周围处处是危机……一切都让你一筹莫展，却从没有想到，这些不正常，根源全在于你的某些“朋友”。

这些朋友，离你足够近，对你足够了解，却不够体贴。他们把自己的心思、意愿强加到你头上，不知不觉给你造成了伤害。这种伤害让你苦不堪言，却无法摆脱，因为他们以“关心”的名义，把你的生活搞得面目全非。

1

邱水明是做服装生意的。冬天的时候，一家刚上市的服装公司正在招代理商，幸运的是，这家公司的营销部总监是邱水明曾经的上司王家栋。王家栋在公司时就对邱水明颇为照顾，在得知邱水明现在也做服装生意后，就跟公司申请了很优惠的条件。

邱水明初步算了一下，如果接下这家代理，按冬季的销售量，进账 10 万元是毫无压力的。特别是曾经的上司为了照顾他给了他很多优惠，这让他很是心动，决定选好门面就着手谈代理的事。其实，让邱水明动心的还有另一层原因，王家栋说，如果他做得好，下一步就可以谈西北大区的总代理。如果真是这样，前途真的不可限量了。

刚好这时，邱水明隔壁的服装店因为经营不善，决定转租。邱水明便赶快把这间门面盘了下来，准备装修。但装修完毕后，进货需要10万元，这让邱水明有点犯难。因为上一个星期，另一家公司就跟他说，到了销售旺季，可能会涨价，所以提醒他赶快囤货。商人当然重利益，何况年前正是销售旺季，一个月抵得上大半年的营业额。邱水明当时二话没说就把手中的余钱全部投了进去。这边新谈的代理马上就要签约了，而手中的资金实在有些周转不开。为难之际，邱水明想到了好朋友孙强。孙强是自己多年的好友，请求他援助一下自己肯定是没问题的。

孙强热情地招待了老朋友，还说自己很想邱水明，但是太忙，实在没空去看老朋友。邱水明心里挺感动，向孙强说明了自己的来意，还说如果把这家新公司的服装生意做好了，下一步西北总代理的事，可以和孙强一起做。

邱水明本以为孙强会很高兴，没想到孙强一下就瞪大了眼睛说："你啊，这真是初生牛犊不怕虎！"接着又"教训"起水明来，说："现在的服装市场并不好做，而新上市的公司，你知道他们能运营多久？万一栽进去，你多年的心血就泡汤了。我不是不想借给你钱，而是不想让你的心血白白打了水漂！"

被好友这么一说，想想自己这么多年奋斗的辛酸，邱水明也觉得自己有些冒进了。他决定听好友的，先冷静一下再说。

就在邱水明犹豫的当下，那家新公司在联系了邱水明几次都无果后，只好联络了其他代理商，很快打开了市场。因为新公司为了打开市场，先期货物价格低廉，而且质量上乘，生意十分红火，那家代理商狠狠赚了一笔。

看着别人数银子，邱水明后悔得心肝都疼了起来。他在心里埋怨孙强，好几天都没接他的电话。

如果你想干出一番事业，就要谨慎对待这种爱泼冷水的朋友。

另外，还有一种"泼冷水"经常在日常生活中发生，有这种习惯的朋友可以称为"损友"。朋友之间很熟稔，适当地开个玩笑，暴露一下对方的缺点、糗事不足为怪，但如果对方总是存了心和你"过不去"，面对这样的朋友，就不要再犹豫了，干脆地离开他们吧。

2

张辉和王志飞两人是铁哥们。两人从小一起长大，彼此熟悉到其中一个人身上哪个地方有颗黑痣，另一个人都知道得一清二楚。

读初中的时候，两人学三国演义的"桃园三结义"，结拜成了兄弟，张辉小了几个月，做了弟弟。这么多年来，王志飞似乎在各方面都很照顾张辉，用王志飞的话说，就是"处处罩着张辉"。但是张辉却越来越觉得，王志飞的照顾让自己有些喘不过气来。

去年张辉的小姨给张辉介绍了一个女孩。相亲那天，王志飞不请自来，说是要和张辉一起去，帮张辉参谋一下。正好，张辉也觉得有些紧张，就带着王志飞一起去了。

一见面，张辉就很高兴，对方正是自己喜欢的类型。张辉开心地和对方聊了起来，气氛渐佳时，王志飞突然在一旁说："哥们，看来这次不错，我就告退了。瞧你那个熊样，相亲都得带保镖，以后胆大些。噢，对了，来的时候，你妈让我交代，要聪明些，别谈不成就乱花钱，知道你没啥心眼，啥事都得交代一下。"一句话羞得张辉抬不起头。面对女孩诧异的眼光，张辉只得硬着头皮说："我这哥们儿就爱开玩笑，别介意。"

在交往了一年后，女孩觉得张辉不错，便答应了张辉的求婚。婚礼温馨又浪漫，着实让两位新人感觉到了生活的美好。第二天，按照习俗，张辉要去女方家回门。作为张辉最好的朋友，王志飞自然陪同前往。岳父包了一家酒楼招待他们，大家边吃边聊，气氛好不热闹。

突然，王志飞对张辉的岳父说："叔叔，你这次可花了血本了吧。有一次张辉来你家吃饭，回去后又吃了一大碗，他说你家四个人就吃两盘菜，让他都不敢放开吃。"这一下让张辉又尴尬又难堪。一桌子的人哄堂大笑，张辉看见岳父的脸明显黑了下来。

诸如此类的事情非常多，以至张辉现在都有些怕王志飞。出门办事，他第一个念头就是不想让王志飞跟着。但王志飞却不依不饶，说："就你那熊样，我还不知道啊？我要不跟着，怎么能放心呢？"

可能是这句话刺激到了张辉，张辉对着王志飞一顿吼："我就熊，怎样？你管得太多了吧？"

两个好朋友就此闹掰，谁也不愿搭理谁。

张辉觉得委屈，他不明白，王志飞怎么好像专门跟自己过不去似的，他主要的任务似乎就是让自己出洋相，让自己在人前抬不起头来。他真怕了王志飞，过去的事现在想起来，仍觉得心中压抑。

3

遇事总爱给你泼冷水，关键时刻总和你"过不去"，这样的人很多。因为是朋友，所以你总是容易被他们左右，可是你却忽略了"冷水"背后的东西。或许，是他们想证明比你聪明，也或许，是他们怕你更成功……

心理学家分析，现实生活中，每个人都面临着各种各样的压力，当这些压力无处发泄时，就会在人的脑海里形成一股恶性情绪。为了释放这些对自己健康不利的情绪，人们潜意识里会寻找一些对自己没有危险的方式，来消极地发泄。他们通过各种方式缓解了各种压力，却苦了这些作为出气筒的朋友。这类把别人当出气筒的朋友，就是朋友中潜藏的消极对抗者。

撇开这一切不谈，我们都知道，再亲近的朋友，彼此心中都应该有一个不可触碰的底线，这就是尊重。一个对你没有尊重心的人，有可能会成为好朋友吗？

这些消极对抗的朋友，其实是生活中的"毒瘤"，每个人的友谊树上都有可能生长。

所以，高层次的人要学会定期检查自己的朋友，一旦发现毒瘤的苗子，就要赶快进行医治，免得将来毒瘤越来越大，给你带来更多的伤害。

酒肉朋友，不过是路人甲

酒肉朋友，字面上的意思，当然就是可以陪你喝酒吃肉，但是遇到什么事情，就缩到某个角落去了的人；酒肉朋友，也指那些可以跟你共富贵，却无法做到为你两肋插刀、同患难的人。我们可以保留一些酒肉朋友，但心里要记得，他们，不过是路人甲。

1

孙莹写得一手好文章，在单位里有个才女的称号，领导要写总结、提案的时候都会找她。

有一天，孙莹正在做自己的本职工作，领导说下午 3 点前急需 3 份不同的文字材料，让她及时赶出来，但是一看时间，现在已经上午 10 点多了，到要求的时间是肯定做不完的。无奈之下，她只好拨通了一位朋友的电话进行求助。这位朋友是某杂志社的编辑，是个爽快人，听此情况后二话没说就来了。

中午 11 点左右，这位朋友带着他的一位朋友如约来到孙莹的办公室。一番介绍后，就开始天南地北地胡侃。从世界政坛到金融危机，从古希腊文明到历史渊源，从甲骨文的鉴别到第四代简化字的使用，孙莹一面应付着他们，一面瞧着墙上的挂钟咔哒、咔哒不停地转，心里急得直冒火但也无法发作。转眼半个小时过去了，孙莹看出这位朋友没有走的意思，将心一横问道："两位想吃点什么？"这位编辑也不客气："都是好朋友嘛，就近就简吧！"

于是，孙莹在附近找了个饭店请他们吃饭。推杯换盏之后，孙莹的朋友越喝越兴奋，竟然打起了电话。就这样，你找三个，我找两个，不多时，由原来的三人"小聚"变成了六人的"团聚"，又由原来的六人团聚变成了十来个人的"大聚"。大家彼此间有熟识的，也有陌生的，通过朋友引荐后，便以酒开道、以酒会友，一番畅饮。虽说是一次难得的朋友"大聚"，是一次通联的好机会，无奈孙莹仍有 3 份材料压在身；本想找朋友帮忙，不想材料没有推出去，还浪费了不少时间。这种情形下，她无心恋战，匆匆结账告辞。回到办公室后，她迅速查找资料，飞速转动脑神经，用最快的速度、最高的效率在规定的时间内交上了全部材料，最后长长地舒了口气。

这时，她想起了在饭店的朋友们，打电话过去，这些朋友们仍在饭店里觥筹交错，而此时已经下午 3 点了。

2

酒肉朋友再多也无益处，无非吃喝玩乐，遇难事也无人能帮你。

传说大觉寺附近的鹿病了，群鹿去看望，吃光了附近所有的草。后来鹿的病好了，却因找不到草吃而饿死了。拜庙于此的虚云禅师便告诫香客："结交酒肉朋友，有害无益。"

有一类人每天游走于各类酒场，交着不同的朋友，朋友越交越多，而真正"沉淀"下来的没有几个。随着经历得越来越多，电话簿也越来越满，而真正痛苦或需要帮助时，把电话簿从头翻到尾，竟然一个可以帮上忙的朋友也找不出来，这就是交酒肉朋友的悲哀。

与酒肉朋友在一起，酒喝得越多，饭吃得越多，感情就越深。其实，结交酒肉朋友就像超速行驶在高速公路上的车子，遇到一丁点状况，就会车毁人亡。

换言之，友谊需要经营，但不用刻意追求，否则你认定的酒肉朋友因某事达不到你的期望值时，你将因此而痛苦不堪。

所以，切不可以结交酒肉朋友为荣，更不要以之为交友准则。

每个人都希望朋友能够在危难之刻，不离不弃，而不是一遇危险便鸟飞兽散。朋友是一个美好的字眼，请不要让酒肉之交玷污了朋友的神圣，那样的人并不是你的朋友，只不过是结伴娱乐的过路人罢了。

3

那么，如何判断对方是真朋友还是酒肉之交呢？高层次的人认为，这也是有迹可循的。

千万不要透支人情给这几类人。

（1）不孝顺父母的人。

一个人，连养育了他的父母都不放在心上，他会把一个陌路相逢的朋友当成知己吗？

（2）平时说话时总是一副高深莫测的样子的人。

契诃夫有一篇小说，叫《装在套子里的人》，主人公叫别里科夫。他在生活中一刻也离不开各种各样的“套子”：晴天带雨伞，耳朵塞棉花，把脸也躲藏在竖起的大衣领里。不止如此，他还要把思想藏在“套子”里，甚至用“套子”去套别人的思想。这样的人能不让人感到恐惧？

我们生活中也有这样的人，他们说起话来高深莫测，不轻易表达自己的意见、显露自己的感情，相处久了，我们还是觉得他很难看透，这样的朋友，你敢交吗？

（3）喜欢在社交场合重复我们说过的话的人。

这种人是“弹簧脖子轴承腰，脑袋上插着风向标”。刚接触时，我们会认为他非常热情，考虑特别周全。在不同的领导面前，他的表现非常到位，比较容易获得领导的欢心。在交流的时候，他会反复重复我们说的话，比如，我们说：“这朵花真好看！”他马上会说：“是，是好看！”通过这样的重复，他让我们感到他和我们是心气相通的。

不过，大家可要注意：他顺着我们说的，并不一定是他的心里话，一个连心里话都不肯说的人，怎么能成为我们可靠的朋友呢？

（4）看到钱财眼睛放光的人。

在这种人眼里，最具有吸引力的就是金钱，他可以非常客观地对我们进行评价，评估出我们对他究竟有多大的利用价值，然后开始粘住我们，想方设法榨取我们的价值。在这个阶段，他对我们可以说是有问必答，有诺必行，但随着利用价值的下降，他的热情程度也会下降，慢慢离我们远去。

（5）平时喜欢交头接耳的人。

这种人在和我们说话时，唯恐被别人听见；在和别人说话时，唯恐被我们听见。他四处传播"证据确凿"的小道消息，而且常常会说："这件事我就告诉你一个人，可千万别说出去啊！"其实呢，满世界的谣言都是他搬弄出来的。这种人数量不多，但危害很大，小者可以让朋友反目，大了可以造成团体失和，分崩离析。

（6）在社交场合爱拍胸脯的人。

我们常常看到这样的人，他们在朋友面前把胸脯一拍："没问题，这件事包在兄弟身上，你们就瞧好吧！"但是胸脯拍得响，不代表他的心里有把握，一觉醒来，他就把保证的事情忘到了九霄云外。过些日子，我们再问他事情的进展如何，他什么都记不起来了。

（7）把别人办公室当成自家炕头的人。

有些人在进入我们的办公室后，鞋一脱，脚一翘，怡然自得地跟我们聊天，然后把他带来的陌生朋友介绍给我们。这种人这样做不是不把自己当外人，而是在向带来的朋友炫耀：看，我们关系多铁，没问题，有事尽管说！这样的朋友，不但会给我们带来很多麻烦事，还会以我们的名义到处招摇撞骗，让我们名誉扫地。

（8）习惯低着头，用眼睛余光看人的人。

这种人心里装着太多的不自信，神经脆弱，特别敏感。他时时刻刻都在提防别人，不想成为被耻笑的对象。对于我们和他开的很平常的玩笑，他会当真，会反复琢磨我们话语的含义。久而久之，他会对我们产生很深的误解，在误会不能顺利解开的时候，甚至会形成极端事件。

（9）朋友离开不送行的人。

朋友离开了，不是升迁高就，而是另谋了一份职业，或者是要远离原来的圈子，或者干脆就退休了。当他们离开时，朋友的表现是不同的：那些送我们到门口的，也许并不是平常和我们最亲密的人；而平常和我们最亲密的人，现在正坐在办公室里，考虑他以后要和谁成为"铁哥们儿"呢！

（10）喜欢偷听别人谈话的人。

这种人好奇心非常强，什么都想知道，但这种好奇心却是建立在一种阴暗的心理状态上的。一个人喜欢偷听别人的说话，他的心里一定有着不可告人的目的，这种人最好让他远离核心岗位，否则，容易引起大麻烦。

（11）小人。

每个地方都有小人，和小人的关系若处理不好，你就会吃亏。

小人没有特别的样子，脸上也没写着小人二字，有些小人甚至长得很好看，有口才也有内才，一副"大将之才"的样子，根本让你想象不到。

不过，小人还是可以从行为分辨出来的。大体言之，小人就是做事做人不守正道，以邪恶的手段来达到目的的人，所以他们的言行有以下的特色：

——喜欢造谣生事。他们造谣生事都另有目的，并非以造谣生事为乐。

——喜欢挑拨离间。为了某种目的，他们可以用离间法挑拨朋友间的感情，制造不合，好从中得利。

——喜欢阳奉阴违。这种行为代表他们这种人的行事风格，他们既然能对别人阳奉阴违，对你也可能表里不一。

——喜欢"西瓜倚大边"。谁得势就依附谁，谁失势就抛弃谁。

——喜欢落井下石。只要有人跌跤，他们就会追上来再补一脚。

——喜欢找替死鬼。明明自己有错却死不承认，硬要找个人来顶罪。

——喜欢把自己的欢乐建立在别人的痛苦之上。

总而言之，凡是不讲法、不讲理、不讲情、不讲义、不讲道德的人都带有"小人"的性格。

利益是友情最好的试金石

朋友是我们生命中的贵人，但朋友也会在特定的时候变成小人，不为别的，大多只为"利益"二字，"天下熙熙，皆为利来；天下攘攘，皆为利往"。

1

谢敏上大学后违背了父母的意愿，放弃了医学专业，专心于写作。偶然的机会，谢敏认识了知名的专栏作家许家璇，两人成了知心朋友，无所不谈。在许家璇的悉心指教下，谢敏的文章终于成功刊登在报纸上。一个人在受挫折时得到的帮助是很难忘的，更何况是好朋友。谢敏与许家璇几乎形影不离，一同参加鸡尾酒会，一同去图书馆查阅资料，谢敏还把许家璇介绍给她所有认识的人。

但谢敏不知道，这时许家璇的创作已陷入了困境。她拿不出与其名声相当的作品，创作的源泉几乎枯竭。

谢敏把她最新的创作计划毫无保留地讲给许家璇听时，许家璇心里闪过了一丝光亮。她端着酒杯仔细听完，不住地点头。

不久，谢敏在报纸上看到了自己构思的创作，文笔清新优美，署名是"许家璇"。谢敏痛苦极了，她等着许家璇给她打一个电话，解释一下，但整整等了三天，没有等来任何解释。

自此，这对好朋友彻底分道扬镳。

2

在利益面前，各种人的灵魂都会赤裸裸地暴露出来。有的人在对自己有利或利益无损时，可以称兄道弟，显得亲密无间。可一旦有损于他们的利益，他们就像变了个人似的，见利忘义，六亲不认，什么友谊、感情，统统抛到了脑后。

比如，在一起工作的同事，平日里大家说笑逗闹，关系融洽。可是到了升职时，名额有限，"僧多粥少"，有的人真面目就露出来了。他们再不认什么同事、朋友，在会上直言自己之长，揭别人之短，背后造谣中伤，四处活动，千方百计把别人踩下去。这种人的内心世界，在利益面前暴露无遗。事过之后，谁还敢和他们交心呢？

进而言之，岁月也可以成为真正公正的法官。有的人在一时一事上可以称得上是朋友；但日子久了，时间长了，我们就会更深刻地了解他们的为人。"路遥知马力，日久见人心"，说的就是这个意思。如此长期交往、观察，便会达到这样的境界：知人知面也知心。

3

春秋末年，晋国中行文子被迫流亡在外。有一次经过一个县城时，他的随从提醒道："主公，这里的官吏是您的老友，我们为什么不在这里休息一下，等候后面的车子呢？"

中行文子答道："不错，从前此人待我很好。我有段时间喜欢音乐，他就送我一把鸣琴；后来我又喜欢佩饰，他又送给我一些玉环。这是投我所好，以求我能够接纳他。而现在我担心他要出卖我去讨好敌人了。"于是迅速离开。果然，没多久，这个官吏就派人扣押了中行文子后面的两辆车子，将其献给了晋王。

在普通人中，如中行文子这般有远见的人并不多见。

中行文子在落难之时能够推断出"老友"的出卖，避免了被其落井下石的危险，这可以让我们看到：当某位朋友对你，尤其是你正处高位时，刻意投其所好，那他多半是因你的地位而结交，而不是看中你这个人本身。这类朋友很难在危难时对你施以援手。

同事可以是朋友，但交往请谨言

职场上的同事，可以是朋友，但利益当头，朋友的关系也会随之变质。不要将自己的秘密都告知他人，因为也许有一天，这会成为危害你职业安全的撒手锏。

1

前不久，小张抱怨说自己被同事出卖了。

他们两个是同时进的公司，工作表现也差不多，两人关系一直不错。面临严峻的经济形势，公司有裁员的打算。在一次吃饭的过程中，他对自己的同事说："最近人心惶惶，一点也没有工作的心思，所以我就上班玩游戏打发时间。"

同事非常好奇地问："难道不怕被老板发现吗？"

小张沾沾自喜地说自己有妙招："我打的是隐蔽性极强的巨人游戏。"

他的同事为了保住自己的饭碗，将这件事告诉了领导。就在小张游戏玩得正酣之时，老板站到了他的电脑面前。铁证如山，他无言以对，只能看着愤怒的老板离去，并且等待着被裁的消息。

2

朋友要分等级，你认为他是朋友，可是，职场是一个利益场，"朋友"这个概念非常苍白。

出卖你的也许不是你的同事，而是你自己。不是吗？谁让你口无遮拦，恣意妄为？谁让你说对自己没有好处的话？

如果把职场比喻成一片汪洋，每个在海中奋进的泳者，除了锻炼自己的泳技实力，也要顾虑起伏的潮汐，行有余力，还可以当个救生员来拉同事一把。

然而，并不是任何人都可以胜任救生员的工作，毕竟，想要救人，得先学会自救。

热心的救生员或许曾救过无数人，然而，也有救生员在执行救人任务时，惨遭对方拖下水。

在职场上有过被人出卖经验的人，没有不为自己捏把冷汗的。别以为平日同事对自己照顾有加，就可以不顾一切对他掏心掏肺，害人之心不可有，防人之心不可无！

可实际生活中，许多人都有一个通病，就是在闲暇的时候喜欢议论他人。千万记住，议论也要分场合和对象。在午休时，或是在闲暇的时候与同事聊天，不注意说了关于上司和公司的坏话，说不定就会被谁听了去，传到上司的耳中；或者是关系非常好的几个同事聚在一起喝酒，谈论的话题总是有关公司和上司的，你总爱发表一下对公司或上司的意见或不满，后来被传出去，上司对你的态度就会有很大的转变。

这种事在现实生活中确实不少。同事之间的相处要把握好尺度，即使是关系非常要好的同事，相互发一些有关上司的牢骚，也是不明智的行为。同事之间应该是相互勉励、相互促进的关系。

在工作中，因每个人考虑问题的角度和处理问题的方式难免有差异，对上司所做出的一些决定有看法，在心里有意见，甚至变为满腔的牢骚，有时也是难免的，但不能到处宣泄。否则经过几个人的传话，即使你说的是事实也会变调变味，待上司听到了，便成了让他生气难堪的话，进而让上司对你产生不好的看法。

同样，无论出于什么样的目的，涉及公司商业秘密的话也不要随便外传。这样的话说出去以后，一样会招来 "杀身之祸"。

3

小强曾经放弃了原本发展不错的外资公司，与上司一起跳槽。因为他是老上司极力推荐的人选，新公司老总还算器重和信任他，把一些较为复杂的工作放心地交给他去做。这让他很欣慰。尤其让他高兴的是，只要他一从老总办公室出来，大伙就对他非常热情，问长问短。

时间一长，他发现，原来大家总是想从他口里套到公司的有关机密。为了和大家打成一片，他把一些事告诉了大家。可后来他发现，如此 "牺牲" 并没换来同事的真心。

一天，同事在背后说："一个连老板都敢出卖的人，估计不是什么好人，谁敢和他走得近！"听到这种话，他欲哭无泪，也很心寒。

让他更没有想到的是，有同事将他所说的秘密告诉了老总。老总知道后非常愤怒——一个自己如此信任的人却可以随便将公司未公布的机密透露出去！一怒之下，他开除了小强。

4

森林里，狐狸垂涎刺猬的美味很久了，但一直苦于刺猬的一身硬刺，无处下手。

刺猬和乌鸦是好朋友。一天，刺猬和乌鸦聊天，乌鸦说很美慕刺猬有这么好的铠甲，刺猬经不起乌鸦的吹捧，忍不住对乌鸦说："我的铠甲也不是没有弱点。当我全身蜷起时，腹部还有个小眼不能完全蜷起。如果朝那个小眼吹气，我受不了痒，就会打开身体。这个秘密我只跟你说，千万要替我保密，要传出去被狐狸知道了，那我就死定了。"

乌鸦信誓旦旦地说："放心好了，你是我的好朋友，我怎么会出卖你呢？"

不久，乌鸦落在了狐狸的爪下。就在狐狸要吃乌鸦时，乌鸦想到刺猬的秘密，对狐狸说："你放了我，我就告诉你刺猬的死穴。"

于是狐狸放了乌鸦，后果可想而知，刺猬被知晓秘密的狐狸吃掉了。

其实，真正出卖刺猬的是它自己。它生活在一个充满危险、弱肉强食的森林里，能保护它的只有一身硬刺。它却为一时的高兴，把自己的破绽告诉了乌鸦。

职场如战场，每个人也许都有自己那层别人所不能拥有的

"铠甲"，这是自己安身立命的根本。即使面对关系颇好，跟自己没有直接利益关系的同事也不能随便说出去，否则这个同事遇到困难之时，也许会将你的这个秘密作为交换的筹码，换取自己的利益。

自己都不能替自己保守的秘密，又怎能要求别人替你保守呢？

所以，保护自己至关重要。在工作中，可以与同事抱着交朋友的心理，但事事要留三分，话到嘴边绕三圈。

对于不该说的话坚决不要说，哪怕自己憋得不行，也不能轻易在同事面前抱怨或者倾诉，可以找自己生活中的朋友或者同学来排解。

记住，老板是一个人，不是神，他不能眼观六路、耳听八方，偏听偏信在所难免。他也没有那么多时间一一调查了解每一个细节，所以不要轻易给同事留下可以告密的把柄。

拒绝做垃圾桶——抱怨者，人远之

现代生活，疲惫又忙碌，再加上各种压力袭来，我们当然需要有贴心的朋友，找个适宜的环境，把心中的苦水倒出来。但是，如若朋友是林妹妹式的人，你还没倒苦水，她的苦水先如洪水一样泛滥，让你整日浸泡其中，你哪里还有心情品味生活的美好？

1

王蕊的朋友叫陈珍珍。陈珍珍什么都好，但性子简直是林妹妹的翻版，整天愁眉苦脸，唉声叹气。

每当有不开心的事，陈珍珍第一个想到的就是王蕊。看到朋友不舒心，王蕊当然是百般劝慰，让她凡事看开些，别总由着自己的性子来。但王蕊的这番话，陈珍珍根本听不进去。

一天，王蕊要和男友一起去拍婚纱照，正准备出发，陈珍珍的电话就来了。在电话里，陈珍珍说活着没意思，真想一死了之。王蕊一听，吓了一大跳，立刻丢下男友，奔向陈珍珍那里。一问才知道，原来昨天由于她自己的一个小疏忽，统计数据错了一个数字，被总监批评了一顿。她想不开，便觉得活着没什么意思。

知道陈珍珍没事，王蕊的心才放下一半，只得安慰陈珍珍，又是请吃饭，又是请喝咖啡，总算是让她恢复正常了。回到家后，王蕊的男朋友很生气，王蕊连连赔不是，男友才原谅她。

这事过去没多久，陈珍珍又出了状况。因为男友受不了她的小性子，决定和她分手。陈珍珍因为失恋寻死觅活，不吃不喝，还哭个不停，王蕊安慰了一天也没用。正在这时，公司打来电话让王蕊加班，王蕊不放心，只得叫来另一个朋友陪着陈珍珍，自己去了公司。可是，脚刚迈进公司大门，朋友就打来电话说陈珍珍晕了过去。王蕊只得找同事帮忙代班，匆匆交代几句，就匆忙赶到医院，连午饭都没吃。

刚进医院，陈珍珍就像祥林嫂一样跟她诉苦，说自己这么多年，苦心守候这份感情，男友怎么能这样，说分手就分手。

此时，总监打来电话，狠批了王蕊一通，因为王蕊把自己的工作委托给同事，而同事又不是很熟悉，所以工作出了差错，险些造成重大损失。总监要求王蕊写一份书面检查，在周一公司例会时做公开检讨。而此时，陈珍珍还在絮絮叨叨地讲述自己的悲惨故事。

王蕊忽然茫然了。

2

王蕊这样的好朋友的确很难得，但是，如果为了一个性格有缺陷的朋友把自己的生活搞得一团糟，那我们就要好好反思一下了。

陈珍珍离开了王蕊，能不能活？答案是肯定的。

这类朋友，不能自立自强，却总爱把麻烦扔给朋友，自己不舒服不说，还把朋友也拖得精疲力竭。他们把朋友视作避难所，一有问题，首先就想到朋友，把麻烦和负面情绪全部扔给朋友，自己反倒轻松了，却从不考虑朋友的心情和处境。

朋友虽然是世间最单纯的一种交往模式，但也需要互惠互利的。你投我以木桃，我报之以琼瑶，如果你只会一味地索取和要求，任谁都会觉得疲惫，心中憋闷。

3

有种朋友像极了祥林嫂。他们没事就聚在一起抱怨这、抱怨那，早晨抱怨工作，下午抱怨生活，好像全世界都对不起他们；他们不去想办法改变，而是用自己的嘴不断地侵犯他人的清静，巴不得大家都摸摸他们的头给予安慰。如果你身边有这种人，最好避而远之。

跟着苍蝇，你会找到腐败之物；跟着蝴蝶，你会闻到花的香味。物以类聚，人以群分，跟着爱抱怨的人，你也会成为怨妇。

我们无法选择自己的出身，却可以选择自己的朋友，选择自己的未来。去靠近一个正能量的人，让自己也充满激情和能量。

曾国藩曾在家书中写过这么一段话："吾尝见朋友中牢骚太甚者，其后必多抑塞，如吴（木云）台凌荻舟之流，指不胜屈。盖无故而怨天，则天必不许，无故而尤天，则天必不许，无故而尤人，则人必不服，感应之理，自然随之。"

随时调整"黑名单"

人是很复杂的，了解一个人并不是一件简单的事。但只要我们注意观察，就可以通过一个人的喜好了解他的素质、修养和品德。

1

物以类聚，人以群分，只有性情相近、脾气相投的人才能走到一块儿成为朋友。如果某人的朋友都是一些不三不四、不伦不类的人，那他自身的素质也不会太高；如果他结交的都是些没有道德修养的人，他自己的修养也不会太好。

有的人交朋友以性格、脾气取人，能说到一块儿就是朋友；有的人则以追求取人，有相同的追求就能成为朋友；有的人因为爱好相同而走到一起。但无论如何，只有二人修养相当、品质差不多时才能成为永久的朋友。所以，了解一个人的朋友也就了解了这个人。

2

想了解一个人，还可以观察他是怎样对待别人的。

人在得意的时候,特别爱诉说他与别人在一起交往的情景。他说的时候是无意的，所以一般比较真实。

如果对方当着你的面说自己如何占了别人的便宜，如何欺骗了对方，等等，那你以后就得对他注意一点儿了，有可能他也会这么对待你。

还有一种人比较圆滑，好像很会处世，实际上当面一套，背后一套，当着你的面说你如何好，别人如何不好。你要注意这种人，他会在你面前说别人坏话，就有可能在别人面前说你坏话。

有一种人，可能当面批评你，指出你的缺点，却又在你面前夸奖别人的优点，你也许不愿接受他这种直率，但这种人却是非常可信赖的。

另外，看一个人如何对待妻子、儿女、父母，也可以看出这人是否有责任感。

你可以通过观察他是否按时回家，有急事时是否想着通知家人，说起家人时感觉是否亲切等这些细节看出他对家人的态度。一个不把家人放在心上的人是不会把朋友放在心上的。这种人心里只装着自己，只关心自己的得失安危，根本就不会想到朋友。所以，交往时要注意尽量不要与那些没有家庭观念的人结交。

3

知己知彼，百战不殆。一般来说，与人交往之前，可运用以下四种方式对其进行具体考量。

（1）以自己的感觉为依据。

评价一个人怎么样，不能听信别人的一面之词，更不能人云亦云，要相信自己的感觉。当然，当你所要接近的人是众所周知的声名狼藉时，你必须小心一些，以免受害。

（2）重在表现，既要听其言，更要观其行。

生活中不乏口是心非的人，如果只听其夸夸之谈，显然会被误导。只有行动才能彻底暴露出一个人的本质，也只有经过对其具体行动的考量，我们才能够对他做出大致的评价。

具体考量时，需从以下几个方面入手。

① 在关键时刻或者危急时刻了解他，以便我们看清他的性格、个性以及人品。

② 通过他的工作了解他，可以判断出他的工作能力、业务水平和敬业程度。

③ 通过其他人了解他，可以判断出他在人群中的形象、

地位以及前途。

④ 通过他与别人的人际关系处理得好坏了解他，可以判断出他在处理人际关系方面的能力。

⑤ 在是非中了解他，可以清楚地了解他的人格。

（3）确立自己个人的分类标准。

一般来说，可以把周围的人按照性格特征来分类，或者按照人品来分类，让他们一一对号入座，你心中就有了一个大致的交往之道。比如，老张很踏实，应该多交往；小陈工作散漫，还喜欢说同事的坏话，要跟他保持距离；等等。

（4）长期观察，随时调整。

人是极其复杂的动物，想一次性了解透彻一个人极不现实。了解一个人，需要长期观察，而不是在见面之初就对其好坏下结论。太快下结论，会让结果因你个人的好恶而发生偏差，从而影响你们的交往。

另外，有的人为了生存和利益，与人交往时会戴着假面具。你所见到的是戴着假面具的"他"，不是真正的"他"。这是一种有意识的行为，这些假面具有可能只为你而戴，而扮演的正是你喜欢的角色，如果你据此判断一个人的好坏，并进而决定和他交往的程度，那就有可能吃亏上当。

在初次见面后，不管你和他是"一见如故"还是"话不投机"，都要保留一些空间，要不掺杂主观好恶的感情因素，然后冷静地观察对方的行为。

第七章

有分寸感的你，人生无往不利

　　想要做个高层次的人，你要懂得一个道理，叫"分寸感"。　一个真正有分寸感的人，交浅从不言深，甚至亲友知己，也懂得保持距离。有了这样的底气，你才能决定，可以做什么和拒绝做什么。

随叫随到的友情，带来的也许不是安全感

距离是人际关系的自然属性，有着亲密关系的两个朋友也不例外。成为好朋友，只能说明你们在某些方面具有共同的目标、爱好或见解以及心灵的沟通，但并不能说明你们是毫无间隙、融为一体的。

1

刘路大学时的好哥们鲁辉因为生意失败缺钱周转，刘路借了他几万元。鲁辉知道刘路是倾囊相助，所以对他非常感激。但之后每晚鲁辉都会打电话来大吐苦水，刘路每天下班很晚回来后，还要花两三个小时陪他聊天解闷。说完他的事，他又开始说刘路家的事，而且上上下下的事他都不免要评论几句，大大小小的事他都要打听。

开始，刘路觉得朋友心情不好，只要鲁辉打电话来，都会说上几句。可有一天，他回家很晚，发现妻子对他爱答不理，原来鲁辉在电话里跟他妻子评论了不少他的家事，害得妻子以为丈夫对她有意见。更糟糕的是，鲁辉会在半夜三更来找他，让刘路陪他去酒吧。

这样的日子持续了将近一个月，刘路再也忍受不了，妻子、孩子的生活也受到了影响，对他牢骚满腹。刘路觉得自己现

在自身难保，再也没精力帮他了。有一天，他也跟鲁辉大吐苦水，鲁辉非常尴尬，之后两人的联系越来越少，友情也变淡了。

很多人误以为好友之间应该无话不谈、亲密无间，却不晓得过多了解别人的隐私和过多介入别人的生活于人于己都是负担。

无论你和朋友多么知心，都须明白"疏不间亲、血浓于水"的道理，你的朋友最亲近的人是他的配偶、子女和父母，不是你。

2

生活中常见的一幕是：约朋友周末出来聚聚，朋友说要陪老婆或女友，于是你讥笑朋友"重色轻友"。其实，"重色轻友"也没什么不对，无论多要好的朋友，都不应占用对方太多时间，不应过多介入对方的家事，不要经常性地无事拜访或做不速之客。

而且，生活中总会发生跟朋友利益有冲突矛盾的时候。互相走得越近，伤害越大。争吵的时候会互相揭短，过后大家又很后悔，但已经来不及了。

都说君子之交淡如水，好的友情不是靠说出自己的隐私来维系的。

苏菲毕业后结识了琳达和凯蒂，她们在同一个单位工作，既是同事又是朋友，结下了令人羡慕的友情。她们三个经常黏在一起玩，就像热恋中的男女，一日不见如隔三秋。但就是这样的友谊，竟也产生了裂缝。

有一天，因为到外地出差，苏菲和琳达单独住在一起。交谈中，她们俩才得知凯蒂很虚伪。原来，凯蒂平时在琳达面前总是说苏菲的坏话，而在苏菲面前又说琳达的不是，一直在破坏她们之间的感情。

至于谁是谁非，凯蒂的目的又何在，不得而知。总之，之后三个人的关系再也回不到从前了。

3

沈辰与任娟是一对好姐妹。

一直以来，沈辰的感情都不是很顺利。在与丈夫谈恋爱的时候，她就曾想过分手，可是任娟听了之后说现在大龄女生很难找对象，分了再找就晚了，不如早点结婚。沈辰听了，感觉也是如此，于是就结婚了。

后来，沈辰丈夫常在外面花天酒地，还养了一个情人。这些事情让沈辰无法忍受，坚决地同丈夫离了婚。

她本来因为这段失败的婚姻非常痛苦，不想再提起，然而任娟却常常"提醒"她："你怎么那么傻。女人，谈恋爱的时候双眼一定要睁大点，仔细找一个好老公；结婚之后，就应该睁一只眼闭一只眼。哎！感情就这回事，忍一忍就过去了，谁知道你居然不说一声就离婚了。你看，现在一个人难过了吧……"

任娟对他们感情的这一番评论，让沈辰听傻了，她万万没有想到，任娟不仅不安慰她，还责备自己没有看好老公，离婚之后的苦日子都是自找的。

"离婚是我自愿的，为什么要通知你们？感情是我的，不需要你们的评论。当初你为什么不劝我别嫁给他呢？"

朋友的感情不要去评论，只能试着去理解。感情是两个人的事，如果第三个人插手，就会变复杂。遇到感情问题的时候，也是朋友最脆弱的时候，他需要的是安慰，不是指责，也不是指手划脚。

一位哲人说："亲密的友谊，可以不拘礼节，此乃理所当然。但是，话虽如此，并非就此容许踏入他人绝对禁止入侵的领域。无论彼此的关系如何，都必须保持某种程度的礼节。"

距离产生美感。朋友之情再深，也不必随叫随到。用得着这样没安全感吗？

两个好朋友在事业上能够志同道合，在生活上能够互相关心，而在私人生活上又相对独立，彼此不打扰对方喜欢的生活，那才是一种高尚的友谊，也正是我们作为朋友所要追寻的境界。

明智的放弃，胜过盲目的执着

人的一生中，会遇到许许多多的选择，无奈的是鱼和熊掌往往不可兼得。在把握命运的十字关口，你要审慎地运用你的智慧，做出最正确的判断，拒绝无谓的固执，冷静地用开放的心胸去做正确的选择。

1

一对师徒走在路上，徒弟发现前方有一块大石头，他皱着眉头停在石头前面。

师父问他："为什么不走了？"

徒弟苦着脸说："这块石头挡着我的路，我走不过去，怎么办？"

师父说："路这么宽，你怎么不绕过去呢？"

徒弟回答道"不，我不想绕，我就想从这块石头上迈过去！"

师父："可能做到吗？"

徒弟说："我知道很难，但我就要迈过去，我就要打倒这块大石头，我要战胜它！"

经过艰难的尝试，徒弟一次又一次地失败了。

最后，徒弟很痛苦："连这块石头我都不能战胜，我怎么能完成我伟大的理想？"

师父说："你太执着了，对于做不到的事，不要盲目地坚持到底，你要知道有时坚持不如放弃。"

执着过了分，就变成了固执。时刻留意自己执着的意念，是否与成功的法则相抵触。追求成功，并非意味着你必须全盘放弃自己的执着，而来迁就成功法则。你只需在意念上做合理的修正，使之符合成功者的经验及建议，即可走上轻松的成功之道。

2

他是个农民，但他从小的理想是当作家。为此，他一如既往地努力着，10年来，坚持每天写作500字。每写完一篇，他都改了又改，精心地加工润色，然后再充满希望地寄往各地的报社、杂志社。遗憾的是，尽管他很用功，可他从来没有一篇文章被发表，甚至连一封退稿信都没有收到过。

29岁那年，他总算收到了第一封退稿信。那是一位他多年来一直坚持投稿的刊物的编辑寄来的，信里写道："看得出你是一个很努力的青年，但我不得不遗憾地告诉你，你的知识面过于狭窄，生活经历也过于苍白。但我从你多年的来稿中发现，你的钢笔字越来越出色了。"

就是这封退稿信，点醒了他的困惑。他意识到，自己不应该对某些事过于坚持。于是，他毅然放弃写作，转而练起了钢笔书法，长进竟然很快。后来，他成为有名的硬笔书法家。

就这样，他让理想转了一个弯，继而柳暗花明，走向了成功。

成功之后的他曾向记者感叹：一个人要想成功，理想、勇气、毅力固然重要，但更重要的是，人生路上要懂得舍弃，更要懂得转弯！

3

如果你以相当大的精力长期从事一项事业，但仍旧看不到一点进步、一点成功的希望，那就不必浪费时间了，不要再无谓地消耗自己的力量，而应该去寻找另一片沃土。目标是一种方向，需要恰当地选择。假如你的一个目标发生了问题，应当马上更换一个目标，这样才能挖掘你自己的潜能。

放弃，并不是让你放弃既定的生活目标，放弃对事业的努力和追求，而是放弃那些已经力所不能及、不现实的生活目标。

其实，任何获得都需要付出代价，放弃也是一种付出；人在生活中需要不断做出选择，放弃也是一种选择。

放弃不是退缩和隐藏，而是教你如何在衡量自己的处境后有的放矢，聪明睿智地做出正确的选择。

一个人理智地放弃他无法实现的梦想，放弃盲目的追求，是人生目标的重新确立，也是自我调整、自我保护的最佳方案。

学会放弃，给自己另辟一条新路，往往会柳暗花明。

我不怕你对我坏，却怕你对我太好

在人际交往时，双方之间的空间距离是彼此之间是否亲近、友好的重要标志。所以，在人际交往中，选择正确的空间距离非常关键。

记住，有的时候，对人过分热情，反而会招来反感！

1

每个人都需要一个能够把握的自我空间，它犹如一个无形的"气泡"为自己划分了一定的"领域"，而当这个"领域"被他人触犯时，人便会觉得不舒服、不安全，甚至开始恼怒。

许多人都有这样的经验和体会：与某人的关系越亲密，越容易与其发生摩擦和矛盾，反倒不及与初次见面者交往容易。家庭成员、情侣之间常常相互埋怨，正是这种情况的表现。

按理说，应该是交往得越深，就越容易相处，相互之间的人际关系也越好，可事实并非如此。原因何在？

这其实可以用心理学上的刺猬法则（也叫心理距离效应）来解释。那么，什么是刺猬法则呢？

刺猬法则说的是这样一个十分有趣的现象：在寒冷的冬季，两只困倦的刺猬因为冷而拥抱在一起，但是由于它们各自身上都长满了刺，紧挨在一起就会刺痛对方，所以无论如何都睡不

161

舒服。于是，两只刺猬就分开了一段距离，可是这样又实在冷得难以忍受，接着，它们又抱在了一起。折腾了好几次，它们终于找到了一个比较合适的距离,既能够相互取暖又不会被扎。这也就是我们所说的在人际交往过程中的"心理距离效应"。

在现实生活中，这种例子举不胜举。一个你原来非常敬佩或喜欢的人，与其亲密接触了一段时间后，对方的缺点就日益显露出来，你会在不知不觉中改变自己对其原有的感情，甚至变得非常失望与讨厌他。夫妻、恋人、朋友以及师生之间都不例外。

2

曾有人做过这样一个实验。在一个大阅览室中，当里面仅有一位读者的时候，心理学家便进去坐在他（她）身旁，来测试他（她）的反应。结果，大部分人都快速、默默地远离心理学家到别的地方坐下，还有人非常干脆明确地说："你想干什么？"这个实验一共测试了整整 80 个人，结果都相同：在一个仅有两位读者的空旷阅览室中，任何一个被测试者都无法忍受一个陌生人紧挨着自己坐下。

由此可见，人和人之间需要保持一定的空间距离。

3

在美国著名人类学家爱德华·霍尔博士看来："通常而言，彼此间的自我空间范围是由交往双方的人际关系与他们所处的情境来决定的。"

据此，他划分了四种区域或者距离，每种距离分别对应不同的双方关系。

第一种是亲密距离。

这是人际交往中的最小距离，也被叫做零距离，就是人们经常说的"亲密无间"。它的近范围是在6英寸（约0.15米）内，在此距离内，人们相互之间可以肌肤相触，耳鬓厮磨，以至能够感受到对方的体温、气味以及气息。

它的远范围是6～18英寸（0.15～0.44米），在此距离内，人们可以挽臂执手或者促膝谈心，通过一定程度上的身体接触来体现出相互之间亲密友好的关系。

在现实生活中，这种距离主要出现在最亲密的人之间。在同性间，一般仅限于贴心朋友；在异性间，仅限于夫妻与恋人。

所以，在人际交往过程中，倘若一个不属于该亲密距离圈中的人，在没有经过对方允许的情况下随意闯入这个空间，无论其用心与目的怎样，都是不礼貌的行为，都会引起对方的反感与彼此的尴尬，一般会自讨没趣。

第二种是个人距离。

这是在人际交往过程中稍有分寸感的距离。在此距离内，人们相互之间直接的身体接触已不多。其近范围在1.5～2.5英尺（0.46～0.76米），以能够互相握手及友好交谈为宜。这是熟人之间交往的空间。若是一个陌生人贸然进入此空间，就会构成对他人的侵犯。

其远范围在2.5～4英尺（0.76～1.22米）。所有朋友与熟人都可以自由进入该距离，但一般情况下，和比较融洽的熟人谈话时,距离更靠近远范围的近距离(2.5英尺)一端,而陌生人交往时则更靠近远范围的远距离（4英尺）一端。

第三种是社交距离。

它和个人距离相比，无疑又远了一步，体现的是一种社交性或者礼节上的比较正式的关系。其近范围是4～7英尺（1.2～2.1米），人们在工作场所与社交聚会上通常都保持这种空间距离。

一次，主办人在安排外交会谈座位的时候发生疏忽，在两个并列的单人沙发中间未摆放茶几。结果，坐在那儿的两位客人一直都尽可能靠在沙发的外侧扶手上，而且身体也经常后仰。可以看出，在不同的情境和关系下，人们就需要调整不同的人际距离。倘若距离和情境、关系不对应，就会使人们出现明显的心理不适。

这种社交距离的远范围是7～12英尺（2.1～3.7米），它被认为是一种更正式的交往关系。

在公司里，经理们一般使用一个大而宽阔的办公桌，并在离桌子一段距离处摆放来访者的座位，这样就能和来访者在谈话时保持一定的距离。

同理，在企业领导人之间谈判、工作招聘面试、教授与学生的论文答辩等时候，也常常要隔一张桌子或者保持一定的距离，这样便增加了庄重的气氛，也增加了双方的适应程度，显得更得体与正式。

第四种是公众距离。

这种距离是在公开演说时演说者和听众之间保持的距离。它的范围一般在12～25英尺（3.7～7.6米），其最远范围在二三十米以外。

这是一个基本上能够容纳所有人的"门户开放"空间。在此空间内，人们可以相互之间不发生任何联系，甚至完全可以对处于此空间内的其他人"视而不见"，不和他们交往。

拒绝成为别人"捧杀"的对象

通常情况下，人在称赞别人时，有时是没什么用意的，但有时却是别有居心。

受人赞美时不能乐昏了头，而应在赞美声里领悟对方的用意，以免吃亏上当。

过多的甜言蜜语犹如高利贷，听得愈多，信得愈切，持续得愈久，愈要付出昂贵的代价。

1

一只狐狸正在找食物，找了很久也没找到。这时，它在河边碰到了一只仙鹤。狐狸脑子一转，计上心来，换了一副笑脸对仙鹤说："早安，聪明的仙鹤，近来您的身体好吗？"

"很好，谢谢您！狐狸先生，您有什么事吗？"仙鹤很高兴地说。

狐狸凑近一点说："我有些问题想请教您。如果风从北边吹来，您的头朝什么方向转？"

"当然是朝南面转啦。"

"如果风从西面吹来，您的头朝什么方向转？"

"朝东。"

"怪不得连人类都夸您聪明呢，要我说，您一定是世界上最聪明的动物！"仙鹤已经有些扬扬得意了。

狐狸又悄悄地向前靠近了一点问："那如果风从四面八方刮来，那该怎么办呢？"

仙鹤已经完全被狐狸的奉承话捧得不清醒了，它得意地说"那我就把头伸进翅膀里去——像这样。"

愚蠢的仙鹤边说边把头藏进翅膀下面以示范给狐狸看，可是，没等它再把头露出来，狐狸"唰"地往前一扑，狠狠地咬住了仙鹤的脖子。

狐狸只凭几句好听的话就把仙鹤骗成了口里的美餐，要怪也只能怪仙鹤自己对奉承话太没有免疫力了。

生活中，我们也会常常听到赞美声，无论是真诚的还是别有用心的，都应该控制自己，保持冷静和清醒，以免成为别人赞美声中的牺牲品。

2

一只猫在主人给准备好的食物面前美美地饱餐了一顿，顾不上洗脸，鼻子上还沾着奶油，就打了个哈欠，伸了个懒腰，呼呼睡着了。这时一只饥肠辘辘的老鼠嗅到了奶油的香味，它实在是太饿了，以致都没有看清面前正是自己的天敌，便莽莽撞撞张开嘴就咬。

"哎哟"一声惨叫，被疼痛惊醒的猫，一时也没弄清是怎么回事，还以为是主人看自己在睡懒觉而教训自己呢，尖叫了一声就逃之夭夭了。

消息传开，这位莽撞的老鼠在整个鼠国很快就家喻户晓。它被同伴们视为无畏的勇士，成了鼠类的骄傲。从此，这位鼠英雄走到哪里，哪里就有鲜花和欢呼围绕，还有漂亮的鼠小姐们对它频送秋波、含情脉脉。就这样，这位英雄也慢慢相信自己真的是猫的克星，不知不觉变得趾高气扬起来。

没过多长时间，这只鼠勇士又碰上了那只倒霉的猫，它暗自高兴，心想这次又可以大显身手了。它这次要再给猫一个重创，抓瞎它的眼睛，用更大的胜利赢得更高的荣誉与尊敬。可它怎么也没料到，自己根本不是猫的对手。这次，猫看到它后不仅没有逃走，还主动发起了进攻，要不是它逃得快，命都要丢了，尽管如此，它的尾巴还是被咬掉了半截，身体也受了伤。

这倒霉的消息不胫而走，又轰动了整个鼠国。这次，大家不是用鲜花和欢呼迎接它，取而代之的是铺天盖地的咒骂和唾沫："懦夫！小丑！真是丢脸！"往日的英雄再没有人理睬，别说老鼠姑娘们的青睐，就是走路也得藏着半截尾巴，低着脑袋。

获得荣耀的确是人生的大喜事，但我们不能在这份荣耀里忘乎所以，以致无法驾驭自己，最后输得一败涂地。

3

在第二次世界大战中，丘吉尔对英伦之护卫有卓越功勋。战后在他卸任时，英国国会拟通过提案，塑造一尊他的铜像置于公园，让众人景仰。一般人享此殊荣高兴还来不及，丘吉尔却一口回绝，他说："多谢大家的好意，我怕鸟儿喜欢在我的铜像上拉粪，还是请免了吧。"

牛顿，这位杰出的学者、现代科学的奠基人，发现了万有引力定律，建立了成为经典力学基础的牛顿运动定律，出版了《光学》一书，确定了冷却定律，创制了反射望远镜，还是微积分学的创始人……他功绩显赫，可当听到朋友们赞扬他的时候，他却说："不要那么说，我不知道世人会怎么看我。不过我自己只觉得好像一个孩子在海边玩耍的时候，偶尔拾到几只光亮的贝壳。但对于真正的知识大海，我还没有发现呢。"

有这样谦逊好学、永不满足的精神，牛顿的成功是必然的。

古今成大事业、大学问者，正是因为有了能够正确对待他人赞扬的态度和谦逊好学的精神，才达到了人生的光辉顶点。

爱听赞美话就像是人身上的一根软肋，最容易被人利用。一旦你的心被那些赞美声融化，你的眼睛被其蒙蔽，你就会和方仲永一样，成为被别人"捧杀"的可怜可悲的牺牲品。

我们应该保持一个清醒的头脑，辨别哪些是实事求是的评价，哪些是阿谀奉承之词。在阿谀奉承之中，哪些人是出于真心而稍稍过分地赞美几句，哪些人又是企图通过奉承而达到自己的某种企图；哪些奉承之词中含有可称道的内容，哪些奉承话都是凭空捏造、子虚乌有等等。

花要半开，酒要半醉

作为一个人，尤其是作为一个有层次的人，要做到不露锋芒，既有效地保护自我，又充分发挥自己的才华。

1

老子曾经说过："良贾深藏若虚，君子盛德，容貌若愚。"即善于做生意的人，总是隐藏其宝货，不让人轻易看见；君子之辈，品德高尚，容貌却显得愚笨拙劣。有才华是好事，但不能作为炫耀的资本，既要显露才华，又要谦虚低调，这才是为人处世、人际交往之上策。

我们知道，鲜花开得正盛时，会被人采摘而去，也就是衰败的开始。

我们也知道，在武术中有一高难度拳术，即"醉拳"。"醉拳"的厉害，在于一个"装醉"。表面上看来跌跌撞撞、踉踉跄跄，不堪一击，其实"形醉而神不醉"，醉醺醺之中却暗藏杀机，就在你麻痹大意之时，将你击倒在地。

所以，有"花要半开，酒要半醉"之说，人生在世，也是这个道理。

如果你才华横溢，聪明绝顶自然是好事，但同时也要懂得内敛，学会装醉，不然，当你志得意满、目空一切的时候，别人会把你当成枪靶子、眼中钉。

春秋时期，郑庄公准备伐许。战前，他先在国都组织比赛，挑选先行官。众将一听露脸立功的机会来了，都跃跃欲试，准备一显身手。

第一个项目是击剑格斗。众将都使出浑身解数，只见短剑飞舞，盾牌晃动，斗来冲去。经过轮番比试，选出了6个人，参加下一轮比赛。

第二个项目是比箭，取胜的6名将领各射3箭，以射中靶心者为胜。有的射中靶边，有的射中靶心。第5位上来射箭的是公孙子都。他武艺高强，年轻气盛，向来不把别人放在眼里。只见他搭弓上箭，3箭连中靶心。他昂着头，瞟了最后那位射手一眼，退下去了。

最后那位射手是个老人，胡子有点花白，他叫颍考叔，曾劝庄公与母亲和解，庄公很看重他。颍考叔上前，不慌不忙，三箭射击，也连中靶心，与公孙子都打了个平手。

只剩下两个人了，庄公派人拉出一辆战车来，说："你们二人站在百步开外，同时来抢这部战车。谁抢到手，谁就是先行官。"

公孙子都轻蔑地看了一眼对手，哪知跑到一半时，公孙子都脚下一滑，跌了个跟头。等爬起来时，颖考叔已抢车在手。公孙子都哪里服气，提了长戈就来夺车。颖考叔一看，驾起车飞步跑去，庄公忙派人阻止，宣布颖考叔为先行官。公孙子都因此怀恨在心。

后来颖考叔不负庄公之望，在进攻许国都城时，手举大旗率先从云梯上冲上许都城头。眼见颖考叔大功告成，公孙子都嫉妒得心里发疼，竟抽出箭来，搭弓瞄准了城头上的颖考叔，颖考叔一下就被射死了，从城头栽下来。

你不锋芒毕露，可能永远得不到重任；你锋芒太露，却又易招人陷害。锋芒太露的人虽容易取得暂时成功，却为自己掘好了坟墓。当你施展才华时，不经意就埋下了危机的种子。所以，有时候才华不宜显，聪明也要内敛。

2

锋芒太露而惹祸上身最典型的就是旧时为人臣者功高震主。

打江山时，各路英雄汇聚在一支旗下，锋芒毕露，一个比一个有能耐。主子需要借这些人的才能实现自己称霸天下的野心，自然不会压制他们。但天下一定，这些虎将功臣的才华不会随之消失，这时，他们的才能就成了皇帝的心病，于是，开始鸟尽弓藏，卸磨杀驴。韩信被杀，明太祖火烧庆功楼，无不如此。

《三国演义》中，刘备死后，诸葛亮其实没有什么大的作为，不像刘备在世时那样运筹帷幄、锋芒毕露。

在刘备这样的明君手下，诸葛亮不用担心受猜忌，并且刘备也离不开他，因此他可以尽情发挥自己的才华，辅佐刘备，守护好这三分之一的天下。

刘备死后，阿斗继位。刘备当着群臣的面说："如果这小子值得辅佐，就好好辅佐他；如果他不是当君主的材料，你就自立为君算了。"诸葛亮顿时冒了虚汗，手足无措，哭着跪拜于地说："臣怎么能不竭尽全力，尽忠贞之节，一直到死而不松懈呢？"说完，叩头流血。

刘备再仁义，也不至于把国家让给诸葛亮，他嘴里虽说着让诸葛亮为君，怎么就知道没有杀他的心思呢？因此，诸葛亮一方面行事谨慎，鞠躬尽瘁，一方面则常年征战在外，以防授人"挟天子"的把柄。而且他锋芒大有收敛，故意显示自己老而无用，以免祸及自身。这是韬光养晦之计，是收敛锋芒的智慧。

3

作为一个人，尤其是作为一个有层次的人，既要有效地保护自我，又要充分发挥自己的才华，不仅要战胜盲目骄傲自大的病态心理，凡事不要太张狂太咄咄逼人，而且要养成谦虚让人的美德。不要把自己看得太了不起，更不要稍有成就便得意忘形，以为自己绝顶聪明。不然，树敌太多，事事必受他人阻挠。该收敛时就收敛，夹起尾巴好做人，切勿晃人眼。

帮助别人从来都不是小事

助人，除了要帮助他们脱离困境，还要帮扶他们的心灵。别人有困难，能帮就帮，但是帮助别人是帮助他们渡过难关，重拾生活的希望，而不是一味的"愚善"。

1

一天傍晚，他驾车回家。在这个美国中西部的小社区里，要找一份工作是那样困难，但他一直没有放弃。

冬天迫近，一路上冷冷清清。除非离开这里，一般人们不走这条路。他的朋友们大多已经远走他乡，他们要养家，要实现自己的梦想。然而，他留下来了。这儿毕竟是他父母长眠的地方，他生于斯，长于斯，熟悉这里的一草一木。

天慢慢黑下来，还飘起了小雪，他得抓紧赶路。

他差点错过那个在路边因汽车抛锚而停留的老太太。他看得出老太太需要帮助，于是，他将车开到老太太的奔驰车前，停了下来。

虽然他面带微笑，但她还是有些担心。一个多小时了，也没有人停下来帮她，他会伤害她吗？他看上去穷困潦倒，饥肠辘辘，不那么让人放心。他看出老太太有些害怕，站在寒风中一动不动。

"我是来帮助您的，您为什么不到车里暖和暖和呢？顺便告诉您，我叫乔。"他说。

她遇到的麻烦不过是车胎爆了，乔爬到车下面，找了个地方安上千斤顶，又爬下去一两次。他浑身脏兮兮的，还伤了手。当他拧紧最后一个螺母时，她摇下车窗，开始和他聊天。她说，她从圣路易斯来，只是路过这儿，对他的帮助感激不尽。乔只是笑了笑，帮她关上后备箱。

她问该付他多少钱，出多少钱她都愿意。乔却没有想到钱，这对他来说只是帮助需要帮助的人。他说，如果她真想答谢他，就请她下次遇到需要帮助的人时，也给予帮助，并且"想起我"。

他看着老太太发动汽车上路。天气寒冷且令人抑郁，但他在回家的路上却很高兴，开着车消失在暮色中。

沿着这条路行了几英里，老太太看到一家小咖啡馆。她想进去吃点东西，驱驱寒气，再继续赶路回家。

女侍者走过来，递给她一条干净的毛巾擦干她湿漉漉的头发。

老太太注意到女侍者已有近8个月的身孕，但她的服务态度没有因为过度劳累和疼痛而有丝毫敷衍。

老太太吃完饭，拿出100美元付账。女侍者拿着这100美元去找零钱，而老太太却悄悄出了门。当女侍者拿着零钱回来时，已经找不到老太太的身影，只看到桌上的餐巾上写了一句话："你不欠我什么，我曾经跟你一样，有人曾经帮助我，就像我现在帮助你一样。如果你真想回报我，就请不要让爱之链在你这儿中断。"

晚上，下班回到家，躺在床上，她心里还在想着那钱和老太太写的话——老太太怎么知道她和丈夫那么需要这笔钱呢？孩子下个月就要出生了，生活会很艰难，她知道她的丈夫是多么焦急。

当他躺到她旁边时，她给了他一个温柔的吻，轻声说："一切都会好的，我爱你，乔。"

"赠人玫瑰，手有余香。"有的时候，帮助别人只是举手之劳，却能温暖别人一生，同时自己也能够得到不少快乐。

2

我们说的"智慧地助人"，是不带给被助者卑微感受的帮助。

一位伦敦的商人把一枚硬币丢进了一个卖铅笔人的帽子里，便匆忙走进了地铁站。过后，他想了一下，觉得这样做不妥，便又出站走到卖铅笔人那里，从他手中取走了几支铅笔。他抱歉地解释说，他在匆忙中忘记带走铅笔，希望不要介意。他说："毕竟，你跟我一样，都是商人。你有东西要卖，而且上面也有标价。"然后，他赶下一班车走了。

几个月后，在一个隆重的社交场合，一位穿着整齐的推销员走到这个商人身边，自我介绍说："你可能已经忘记我了，而我也不知道你的名字，但是我永远忘不了你，你就是那个重新给我自尊的人。我一直是一个销售铅笔的乞丐，直到你跑来拿铅笔，并告诉我，我是一个商人。"说来有趣的是，后来正是这位昔日的乞丐，帮助商人把积压的商品推销了出去，让他挣了不少钱。

有人曾访问过 100 位白手起家的富翁，发现他们都有一个共同的特点，就是他们都是优点的发现者，能看到其他人好的一面。

美国的玛丽·克罗莱女士所创办的家务与礼品公司，从一无所有开始，竟成功地成为一家堪称销售界楷模的公司。为什么她能获得如此惊人的成功呢？有人说，她的成功是出自于她深刻的信仰：她相信一个有信仰的人等于 99 个只有兴趣的人；她相信每个人都有无限的潜能，如果你能从心理、道德、体能和精神上帮助他们，他们也会在相同的基础上为你建立生意，助你赚钱。

3

有一位富人，家中世代都读书向佛。这位富人平时乐善好施，乡邻有什么困难，他都会慷慨解囊，帮忙帮到底。乡邻们提起他都赞不绝口，说他是万中无一的大善人，有一副菩萨心肠。可是最近，却开始有一些不好的议论，人们说他救助了一个乞丐，之后就不再管这个乞丐了，显得异常冷漠。

有好事者向富人打听这个事情，富人听完他的疑问，叹了口气将原委一一道来。

原来事情是这样的：最近镇上来了一个乞丐，30 岁上下，虽然衣衫褴褛，形容脏污，但是身体没什么毛病。听他说他是从邻镇来的，因为家里贫穷，不得已出来乞讨。

富人听说后，就将这个乞丐请回家中，给他饭吃，乞丐自然感激不尽。富人看他体格还算健壮，问他愿不愿意在他家做工来养活自己，可是乞丐拒绝了，说他就愿意做乞丐。

第二天，乞丐又来到富人的门前讨要吃的，哪里也不去。富人好脾气，仍旧安排家里的用人给他吃的。一个月之后，乞丐在富人家门口搭了一个草棚，天天等着富人家的人给自己饭吃，人倒是养胖了不少，吃饱喝足就在草棚里睡觉。

日子久了，用人便将这个乞丐的所作所为告诉了富人。富人来到乞丐栖身的草棚里找他，再次问他愿不愿意做一份工养活自己，乞丐仍旧拒绝了。富人之后就吩咐用人不要再给这个乞丐免费的饭食。乞丐挨了饿，大声叫嚷富人假善心，这才有了这些流言。

富人说："我做善事，是为了帮助人们解决困难，他们有什么过不去的坎儿我可以拉一把，以后能够过好生活。可是，我助人，并不是无原则的！与其帮助这样不思进取，只等别人发善心的人，我还不如多帮一些贫家孩子读书呢！"

助人的方式有很多种，古人说"授人以鱼，不如授人以渔"，可是当人们真正做善事的时候，不能无原则、无底线一味的"愚善"。

助人助心，自立者方能自强。做善事的时候，一定要多替对方考虑一下。没帮到人事小，要是因给予的帮助太多而最终害了他，那就违背自己的初衷了。

八分熟的爱情，刚刚好

真爱上了一个人，总希望能爱到100%，但当你付出了100分的热情，也就意味着，对他而言，你不再神秘，对这段爱情不再有幻想的空间。层次高的人会认真地爱，但是拒绝爱到100%。爱到80分就够了。

1

一个姑娘，经历过四段刻骨铭心的爱情：

第一个男友，她为他改头换面、倾其所有，为他辞去了异乡前程似锦的工作，为他疏远了身边的同性异性好友……她天天在家，做稚嫩的小主妇，买菜，做饭，化妆，等他下班……直到三年之后，她被抛弃。真的像极了电影中的桥段：我苦苦等你，却只换回一句"分手"的短信。

第二段感情大致也是如此，只是她被甩的时间提前了些，不到两年，男友就毫不犹豫地跟她说了"拜拜"。

第三段感情亦如此，又一次被抛弃。

连伤三次之后，她自己也纳闷：为什么我总是遇人不淑？为什么我这个痴情女总遇上薄情郎？为什么我为他们付出了一切，却只换回他们的无情背叛？

姑娘为此消沉了一段时日，振作起来之后，她做了一个决定：“今后，不论遇上什么样的男人，我只做我自己，只做能让自己高兴的事情，我不再为取悦任何男人而活！”

和第四任男友恋爱的她，依旧保持着独立的生活姿态。陪闺蜜逛街会推掉和男友的约会；加班赶稿，可以让男友把生日聚会推迟一天；她只买自己喜欢的衣服，只看自己喜欢的电影，偶尔下回厨房，也一定多做一个自己爱吃的菜……想想之前的三段情，连她自己也觉得对现任男友太恶劣了。不过，她彻底想通了，恋爱就是为了让自己快乐！她随时随地准备好了分手，不会再为任何人妥协而放弃自己真实的快乐！

交往一年后，男友正式地找她谈。她做好了分手的心理准备，男友却说：“我们结婚吧。只有你做了我老婆，我才觉得能彻彻底底地把你抓牢！”

2

越是爱得深切的人，越是爱得失败。当他的关注度过分集中在一个人身上时，那个人会感受到无法承受的沉重。

《东京爱情故事》中，完治对莉香说：“你给的爱太重了，我背负不起！”

好令人心伤的一句话！有些男女的分开，不是因为不爱，而是因为太爱。那些爱得太过深切的男人女人，总在用爱，把心爱的人逼走。

放眼观望如今的恋爱趋势，不难发现：谈37℃恋爱的人越来越多。比正常体温稍高一点，那是爱的热情；但也绝不会高太多，因为即便恋爱，也要维持适当的清醒，这就是所谓的

"留爱给自己"。

由此想到了如今年轻群体中，流行一种"0.8生活哲学"，其定义是：不必每件事都做到十成满，尽80%的力气就好，剩下20%权当回旋的余地和养精蓄锐的本钱。

生活需要冲，更需要缓冲。

恋爱又何尝不是如此。

人的本性中，有一种天然的"劣"性：越是无法完完全全拥有和主宰的东西，越是珍惜和重视；越是不费吹灰之力便收入囊中的东西，越不在意它的价值。

3

这里有一则童话故事：

小白兔有一家糖果铺，小老虎有一个冰淇淋机。兔妈妈告诉小白兔，如果你喜欢一个人，就给他一颗糖。小白兔喜欢上了小老虎，非常非常喜欢，忍不住就把整个店送给了他。

回家后兔妈妈问她："那小老虎喜欢你吗？"

小白兔直点头。

妈妈说："那他为什么不给你吃个冰淇淋呢？"

小白兔说："他是要给我来着，我说我不爱吃。"

兔妈妈说："你真的不爱吃吗？有7种口味呢，巧克力味道的里面还有你最爱吃的杏仁。"

小白兔用脚划拉着地板，喃喃地说："其实我也没吃过，只是光想着把糖给他了。"

小老虎有了糖果店后，小白兔说："不如我帮你把冰淇淋机推到公园去卖吧。"

夏天很热，冰淇淋每天都能卖光，大家都夸小白兔聪明。小白兔呢，还是一口也舍不得吃，她就想等小老虎亲手送她一个。

时间一天天过去，小白兔还是没有吃到冰淇淋。倒是隔壁摊子卖饼干的小熊，给了她一盒小兔子造型的曲奇。小白兔留下糖果店和冰淇淋机给了小老虎，跟小熊去了更远的小公园卖饼干。

兔妈妈问她："你不是不喜欢吃饼干吗？怎么又收下了呢？"

小兔子揉着红红的眼睛说："我就是饿了。"

后来小兔子听说，小老虎把冰淇淋机送给了小企鹅，和她一起住在糖果店里。小熊把这些告诉小兔子的时候，她耷拉着耳朵呆了很久。小熊开玩笑似的问她："你是不是后悔没有吃个冰淇淋再走呀。小白兔愣愣地转过脸说，就是有点难受，没能留些糖给你。"

小兔子卖力地帮着小熊卖饼干，没多久就又攒了一笔积蓄，买了新的糖果铺。这次，兔妈妈千叮咛万嘱咐，她说："宝宝啊，这糖要慢慢地给，不然以后就不甜了。"小兔子嘴上连连答应，心里却想着小熊收到糖果店该多开心啊。她只知道小熊又加班去了，不知道他小鸭子形状的饼干马上就要烤好了。

小兔子回家看到了被偷偷藏起来的小鸭子饼干，什么也没有多问，只是跑回家跟妈妈大哭了一场。她呜咽着和兔妈妈说：

"小熊最喜欢吃糖了，我终于可以给他糖果屋了，他为什么要离开我呢？"

兔妈妈笑了，她摸摸小兔子的头说："当他不爱你了，你的糖就不甜了。"

小兔子还是想不通，只好带着糖果店搬去了更远的地方。小鸭子可不是什么善茬儿，她不知从哪里打听到了糖果店的事。一天饭后，她揶揄地告诉小熊，哎呀你可不知道吧，你心里最单纯的小白兔，背着你用卖饼干的钱给自己买了好东西呢。不久之后，小兔子就收到了小熊的来信。信里只有短短几句话，大致是说小兔子走后饼干铺子生意一直不好，钱怎么说也是卖饼干挣来的，希望小兔子能把糖果店还给他。

小兔子看完信后眼睛哭成了桃子，她想起了妈妈的话，把店给了小熊。

4

喜欢上一个人，就会使劲对他好，恨不得掏心掏肺给他看，以为只有这样，才能让爱情活得更久一些。其实任何东西，只要够沉重，都是一把刀。

八成熟的热度，足以帮你维持好最佳感情状态，多出来的那两成，你需要用它来做更好的自己！

那些想爱却总被爱所伤的朋友们，爱情面前，先别太心急。在进入恋爱之前，先修好这"0.8"学分。这八成熟的哲学，总能让恋爱走得更顺一些。

在热恋的时候，全身心地付出，甚至超全身心地付出，容易给对方很大的压力，让对方喘不过气来，想逃。你越给，对方越想逃。长时间这样付出，对方已然习惯了，有一天你做得疏忽了或者疲惫了，对方就开始觉得你有问题，变心了。

对待自己的爱人，有的时候就像管孩子，不能撒手不管，也不能一味迁就。孩子要糖吃，吃多少给多少，最后得了牙病，疼起来还怪你。10块糖，一天吃完，幸福一天；10天吃完，10天幸福。好的恋人就像是好的家长，知道细水长流，知道月满则缺、水满则溢，懂得"度"的使用和技巧，这样才可以在爱情中成就自己，同时也塑造对方，让感情的路走得长久和甜蜜。

请记住，喝酒不要超过六分醉，吃饭不要超过七分饱，爱一个人不要超过八分。

第八章

不将就不攀附，用强大的内心说"不"

在人们日常的交往中，那些与别人相处得最融洽的人，并不是处处吃亏的人，而是做得恰到好处的人。想要成为不将就、不攀附、高层次的人，都必须修炼出一颗强大的内心，才能从容地说出那个"不"字。

没有慷慨的资格，就不要向人让步

坚持自己的权利是最基本的做人原则，你若随便让别人占你的便宜，不仅会失去维护自己权利的能力，还会失去站出来争取你应得权利的尊严。这不是说人不该慷慨大方，人应该慷慨，但是应该是起于真心实情，而非轻视自己的权利。假如你向别人让步，而你又没有慷慨的资格，就会让自己负担不起，这种行为最后会让你付出代价。

1

刘平是一个小有名气的律师，不久前离开了与朋友合开的那家律师事务所，另立门户。由于工作很多，只好又雇了一位律师助理王琳。王琳做事很不认真，经常丢三落四，误了刘平不少事。

起初，刘平发现王琳不是自己想要雇的那种人，很失望，却也没说什么，因为他一向是个不愿与人轻易闹翻的人。就这样，一直到办公室里变得像个废纸收购站，需要的卷宗总也找不到，吩咐的任务十有八九都被无限期地拖延，毫无效率可言时，刘平这才真的对王琳抱怨起来。

但是王琳却认为刘平这样对她不公平，愤愤然难以接受，而且要求刘平给她额外的薪水来完成他的要求。这下子刘平真的生气了，于是，他辞退了王琳。

随后，可怜的刘平便面临了这样一堆难题：

大量积压的工作急需处理；

对王琳的不满，或许会迁移到所有的年轻女孩身上；

对自己像个失败者一样处理问题感到愤怒；

自己仍需要找到一个律师助理——他（她）或许做得更糟糕。

平静下来之后，刘平终于认识到，他是被不及时的拒绝伤害了，而且很严重。

那些平时常伤害你的人会建立起一种生活习惯。随着时间的推移，他对自己所做的事习以为常。因为你以前从来没有反对过，他就认为这样做是可以被接受的。一旦你忍无可忍，要求他尊重你的权利，放弃自己的习惯时，他就会认为自己失去了一些权利，反倒认为是你犯了错。

此时，受伤害的一方和伤害人的一方似乎调换了位置，以至败者犹胜，胜者犹败，想要解决起来愈来愈不可能，特别是到了问题已扩大到不可收拾的地步时。

2

如果有人伤害了你，你要及时告诉他，别觉得有什么难为情。如果错的是他，你可以让他知道你的立场，他很可能会有所改变，表现得更容易让人接受。他也可能会觉得羞愧不已，对自己的自私行为感到内疚。

宣扬你的权利绝不是占人便宜。当然，你这样做的前提是要适度，不能过度反应。人类的本性会让人彼此检查且要求平衡，当你被伤害时，就是你该说出来的时候了。

要想争取在处理与同事之间的问题上占上风，就必须把目标聚焦在受到伤害这个事实上，而非挖掘别人的动机或人格，只有这样才能使对方产生自责感和羞愧感——这又是最能从根本上解决问题的因素。只有拉下脸来，毫不客气地把你的损失和受到伤害的事实列出来，你才有可能避开下一次的伤害。

3

为避免无谓的伤害，你应该注意：

（1）尽可能多地用行动而不是用言辞做出反应。

如果在家里有什么人逃避自己的责任，而你通常的反应就是抱怨几句然后自己去做，下一次就要用行动来表示。如果应当是你的儿子去倒垃圾而他经常忘记，就提醒他一次；如果他置之不理，就给他一个期限；如果他无视这一期限，那么你就不动声色任由垃圾堆在他的床头。一次这样的教训，要比千言万语更能让他明白你所说的"职责"的意思。

（2）拒绝去做你最厌恶的、也未必是你的职责的事。

两个星期不去割草坪或者洗衣服，看看会发生什么情况。如果你能付得起钱，就雇个人帮你做，要么让家里其他成员自己动手照料自己。一般来说，家里一切苦力活都由你干，仅仅是说明，你已经向别人表明你会毫无怨言地干这些活。

（3）斩钉截铁地说话。

即使是在可能会显得有些唐突的场所，也要毫无拘束地对服务员、售货员、陌生人、秘书、出租汽车的司机说话，对蛮横无理的人以牙还牙。你必须在一段时期内克服你的胆怯和习惯心理。你必须心甘情愿地迈出这第一步。记住，千里之行始于足下。

（4）不再说那些招引别人欺负你的话。

"我是无所谓的"，"我可没什么能耐"，或者"我从来不懂那些法律方面的事"，诸如此类的推托之辞就像是为其他人利用你的弱点开了许可证。当服务员合计你的账单时，如果你告诉他你对计算一窍不通，那你就是暗示他，你不会挑什么错儿的。

（5）对盛气凌人者以牙还牙，冷静地指明他们的行为。

当你碰到吹毛求疵的、好插嘴的、强词夺理的、夸夸其谈的、令人厌烦的，以及其他类似的欺人者，冷静地指明他们的行为。你可以用诸如此类的话声明："你刚刚打断了我的话"或者"你埋怨的事永远也变不了"。这种策略是非常有效的教育方式，它告诉人们，他们的举止是不合情理的。你表现得越平静，对那些试探你的人越是直言不讳，你处于软弱可欺的地位上的时间就越少。

（6）告诉人们，你有权利支配自己的时间去做自己愿意干的事。

从繁忙的工作中或热烈的场合中脱身休息一下是理所当然的。把你支配自己休息和娱乐的时间视为是无可非议的，这是不容他人侵犯的正当权益。

（7）敢于说"不"。

它摒弃了那种支支吾吾的态度，不容易给人造成误解你的空子。和隐瞒自己真实感受的绕圈子的话相比，人们更尊重那种不含糊的回绝。同时，你也会更加尊重你自己。

（8）心境坦然。

不要为人所动，并因此对自己所采取的果断态度感到内疚。如果有人对你做出受了委屈的表情，向你说好话，许给你好处或是表示生气时，你不要感到不好受。

诉求和拒绝，尽可能都直接表达

混迹职场，我们不可能不说话，没有人愿意和一个"闷葫芦"交往，那种三句话说不清楚的人，别人连和他搭话的兴趣都没有。即使是一个天才，也要说出震惊四座的话，才能让大家知道他的才华。如果不想在公司里被当成"透明人"，就不要默默地等着同事来关心你的工作，等着领导来关注你的才华。

1

金钟研究生毕业后进入了一家规模不算大的科技公司，在公司研发部从事软件开发工作。研发部的员工数量不多，仅有

20个，大多数员工都与金钟有着相似的背景，基本都是硕士学历，并且大多都来自国内的知名高校。

金钟进入公司将近三年，虽然大大小小的研发项目参与了不少，并且期间还参加了几个比较重要的项目，但总感觉自己没有受到重视，加薪幅度不是很大，他越来越感觉自己在公司的前途渺茫。

一次，他向朋友吐露心声说："我觉得，无论在学历、经验及能力上，虽然自己并不是非常突出，但也绝不会比其他同事差。甚至有些同事，我认为根本就不如我，可他们却能够受到老板的重视，无论在工资或是职位上，都比我强。更让我郁闷的是，与我同时加入公司的一位同事，各方面条件跟我都很接近，但明明没有我努力，工资却明显高于我。现在，我对这个公司彻底失望了。"

听完金钟的叙述后，他的朋友问了金钟这样一个问题："你觉得你有没有让你的老板了解到你在努力工作呢？"金钟不解地问："还用我去告诉他吗？他应该能看见的。我们部门就这么几个人，我经常周末加班；研发中很多问题，都是我提出的解决方案。这都是明摆着的，还用我说？"

他的朋友笑了笑说："这就是你的问题了。你总是认为你的付出，老板一定能知道，于是便很少主动去说，也不认为这样说了有什么效果。所以，老板可能感觉你对公司并没有多少感情，你只是把公司当作一个跳板，在你成熟之后，你可能就'飞'了，因而对你并不抱太大希望。"

2

许多职场中人都有类似这样的苦衷：之前对同事有求必应，后来某次因为能力或其他原因你"应"不了，他便觉得你不够意思，从而疏远你；同事不愿意做的事，自己都包揽下来，时间长了，自己做的一切都成了理所应当；自己做了事，被别人抢了功，也不闻不问，还像没事人似的，以为只要是自己努力过了，上司就会发现；对上司分配下来的不合理工作不懂拒绝，等到事情出了问题，只好自己承担结果……

最后，你变成了大家呼来唤去的"杂工"；公司里你来得最早，工资却最低……自己成了活生生的一只职场"沉默的羔羊"。

在办公室里，不必处处做一只沉默的羔羊，当然，也不是让你处处争强好胜。你必须明白，该做的时候做，该说的时候也要说；否则，自己付出的努力换不回应得的报酬，只会让自己越做越没信心。

王颖的主管派她去车站接自己的一个亲戚，结果刚出公司大门就被出差回来的经理撞了个正着。经理问她去哪，为了不得罪主管，她就说出去给办公室买文具。后来经理不知从哪里知道了事情真相，把王颖叫去训了一顿，说她身为公司职员，对领导都不能做到诚信，又怎能尽心尽力为公司做事！

原本，经理对王颖的印象还不错，这之后就越来越疏远她。

而主管知道这件事后，虽然想帮王颖，但是，苦于自己受制于人，也只好作罢。在这样的环境下工作，王颖越来越觉得工作没趣，于是，在事情发生了一个月后递交了辞职申请。

3

一个老板要了解自己的下属，是需要一个较长的接触过程的。如果你能够主动地向老板表现，则更容易让你的老板发现你。例如，你希望你的老板认为你很上进，那么你就必须时常向你的同事、上级说出你的目标，告诉他们你为这个目标付出了哪些方面的努力。

在此基础上，你需要不断把握各种跟老板接触的机会，让他了解你是怎样为你的目标而努力的，同时不断地告诉他，你在工作上有什么成果，具体做了什么事，是怎么思考的。只要时间足够，你的同事、老板便会形成一种印象，他们会发现你确实是非常积极的，便开始更多地关注你。如果你能够不断地加深这种印象，那么，你的老板便会更加信任你。

所以，如果你有成果，请不要吝啬，也不要过于谦虚，你应该寻找机会告诉你的老板，让你的老板了解，这样，你才更容易获得发展的机会。

否则，你总是习惯做一只"沉默的羔羊"，优先帮助别人做事，自己做出了成绩也不邀功、不请功，甚至被别人抢了功也只是默默承受。试想，一个连自己都保护不好的人，肯定是无法胜任重要部门的工作或担任主管职位的。这样的人，即使老板发现了你的才能，他也不敢重用你。

无数的事实证明，只有敢于挺身为自己的付出发言，捍卫自己正当权益，才更能赢得别人的尊重、公司的重用。

一团和气不适用于所有情况

"千里之堤，溃于蚁穴。"一个小小的错误就能酿成大祸，所以，敢于提出批评是我们每个人都应该担负起的责任和义务。

1

唐朝初期的宰相魏徵以敢于直言进谏著称，不管什么时候，只要唐太宗有错误，他就敢直接提出批评。

有一次，唐太宗违反他制定的 18 岁成年男子才须服兵役的规定，决定征召 16 岁以上、18 岁以下、身材高大的男子从军。旨意发出以后，遭到了魏徵的极力反对，唐太宗对此非常生气。龙颜不悦并没有让魏徵感到畏惧，他义正辞严地说："您现在把强壮的男子都抽去服兵役，那么，田由谁来种？工由谁来做？您常常讲，我当国君，首先要讲信用，可是国家的法律明明规定，男丁中的强壮者才需要服兵役，您为什么不遵守呢？您这样做，在老百姓面前不是失去信用了吗？"

魏徵的批评让唐太宗顿时没了火气，他对自己这位宰相既赏识又敬畏。

魏徵病逝以后，唐太宗异常悲痛地说："夫以铜为镜，可以正衣冠；以史为镜，可以知兴替；以人为镜，可以明得失。朕常保此三镜，以防己过。今魏徵殂逝，遂亡一镜矣！"

2

小宫在一家国企工作，在单位，大家永远是以"和气"为先，有时候谁工作中犯了错误，彼此也不愿意直接批评，顶多是说些不疼不痒的话，然后息事宁人。尽管这种气氛让大家工作起来比较轻松，但有时也不得不为此付出一些代价。

在一次工作会上，领导当众做出一个决定，为了确保今年的经营利润，打算收回所有在外的流动资金。在场的同事们心里都有意见，因为这几年外部的投资环境很好，这个时候不加大投资，而是回笼全部资金，岂不是错过了大好的投资机会？这是领导对形势的明显误判，是经营策略方面出现的严重错误。但是在场的人没有一个提出反对，反而全票通过。

小宫心里不是滋味，他以前学的就是金融投资专业，因此他对领导的错误有清醒的认识。他和部门的几位同事商量，打算向领导提出不同的意见。可小宫的想法马上被同事们拒绝了，"你敢批评领导，你以后还想不想升职了？""你让领导没面子，以后你的日子也好受不了。"

同事们的"规劝"让小宫左右为难，可出于对自己职业的尊重，小宫还是想去试一试。刚走到领导办公室门口，领导正好走了出来。"小宫，找我有事吗？"领导和蔼地说。

"没……没什么事。"小宫不好意思地说。

“你最近工作表现不错，继续坚持下去，前途不可限量啊。”领导一边夸奖他，一边转身离开了。

看着领导走远的背影，小宫最终还是放弃了最初的念头。“算了，既然大家都不说，我何必要去讨人厌。”他自我劝慰道。

后来，大家的一团和气果然酿出了苦果，企业第二年的经营效益严重下滑，甚至接近亏损的边缘，而年底所有该发的福利和奖金也都被迫取消了。这时，最后悔的莫过于小宫：“如果我当时能直接提出自己的想法，也许一直想买的笔记本电脑早已经到手了……”

3

古人云，人非圣贤，孰能无过？即便是领导，也难免会犯错误。一个人对世界的认识永远都是有限的，需要别人的批评和指正来弥补自己的不足。如果大家发现了问题，谁都不好意思说，只是听之任之、放任自流，那不仅对个人成长极为不利，对于一个单位来说也必定会造成非常严重的伤害。

“你好，我好，大家好”，“多栽花、少栽刺，留得人情好办事”成了越来越多人自觉遵守的交际法则。领导不敢批评下属，怕少了支持；下属不敢指出领导的错误，怕被“穿小鞋”；朋友之间不敢互相批评，怕伤了和气；自己不敢批评自己，怕丢了面子。这样的结果就是，我们能听到的实话和箴言越来越少，这对所有人来说都是有百害而无一利的。

孟子曾经提出过“闻过则喜”的观点，陈毅元帅也曾说过：“难得是净友，当面敢批评。”所以，敢于批评别人不仅不会伤了感情，反而是对对方负责的表现。因为你的批评，别人可以防微杜渐，提前意识到自己身边的隐患；因为你的批评，别人可以及时纠正错误，避免出现严重的后果；因为你的批评，别人可以引以为戒，不会一错再错。

"良药苦口利于病，忠言逆耳利于行。"我们要敢于批评别人，哪怕造成一时的不和谐，也不要不好意思开口。我们应该坦诚相见，以诚相待，对彼此负责，这才是人与人之间该有的关怀和真情。

你的精力有限，
时间应该浪费在美好的事物上

一天又一天，不论我们在做什么，时间总是流淌不止，可是，只有那些我们用来做有价值的事情的时间，才是真正属于我们的时间。

1

人生几十年，看似漫长，实则转瞬即逝。那么，这有限的生命该怎样度过，到死去的时候我们才不悔此生呢？

有一天，一个旅行者路过一片树林，发现树林中散落着一些白色的石头。于是，他随手捡起了一块，上面写着"阿布杜尔塔艾格，活了8年6个月零3天"。看到这里，旅行者心头一颤，原来这是一块墓碑，而这个孩子才活了8年就死掉了，太令人痛心了。他接着又拿起另一块石头，上面写着"活了4年8个月零9天"。旅行者感到难过，他又继续看了更多墓碑，发现时间最长也只是11年。他们的生命真是太短暂了，旅行者禁不住哭了起来。

也许是听到了他的哭声，一位老人走了过来。旅行者问老人："这里到底发生了什么事情？为什么这些孩子小小年纪都死掉了？"

老人笑着说："别害怕，他们不是孩子，这一切都源于我们这里的一个古老习俗。"老人继续解释说，"在我们这里有一个习俗，当一个人长到15岁时，父母就会给他一个本子，从这一天开始，每当他去做有价值的事情，比如帮助别人、为梦想努力学习等，他就要把做这些事情的持续时间记下来，当他去世的时候，我们就会把他所有花费在有价值的事情上的时间加起来，刻在他的墓碑上。"

旅行者听完，恍然大悟。

2

心理学中有一个著名的定律，叫作"不值得定律"。心理学家对人在从事一种工作时的心理效应进行研究后发现，在大多正常情况下，如果一个人主观上认定某件事是不值得做的，那么在做这件事的时候，他就不会全力以赴地把它做好，即使做好了，他也不会觉得有成就感。所以，人们通常会认为："不值得做的事情，就不值得做好。"

但是，"这些不值得做好"的事情，也在占用我们宝贵的时间和资源，对它们敷衍和马虎的态度也并不会减少在这些上面的消耗。相反，因为不能尽全力做好，其结果也不会令自己和别人满意。那么最好的解决方案就是，放弃那些你认为不值得做的事情，去做最值得你期待的事。

帕瓦罗蒂是世界著名的男高音歌唱家，被世人称作"高音C之王"。他被公认为是声音最具自然美感的演唱家，几乎每次演唱会的唱片销量都会超过猫王和滚石乐队唱片的最高销量。他那首《我的太阳》在中国也是家喻户晓。

在成为男高音歌唱家之前，帕瓦罗蒂曾经做过小学教师。很多版本的故事都说他在教师和演唱之间难以取舍，在父亲的启发下才放弃了"脚踏两只船"的情况，选择了歌唱。然而，实际的情况却并非如此。

帕瓦罗蒂作为教师是很不成功的，他曾坦承，小学教师的经历是他的噩梦，"我无法在学生面前显示出自己必要的权威"。

他之所以做不好小学教师这份工作，是因为这份工作在他看来并不值得做好，这份职业不会给他值得期待的未来。在帕瓦罗蒂心里，当小学老师从来不是他值得做的事情，当歌唱家才是。从17岁开始，他就在为成为歌唱家而努力。在当老师的同时，他还在跟歌唱家阿里哥·波拉学习唱歌，为了能引起经纪人的注意，他也在各种免费的音乐会上演唱。

不再做小学老师，并不是他在两条船里选择了一条，而是他主动放弃了一项他认为不值得做的事情，从此可以专心致志地朝梦想努力。

有趣的是，帕瓦罗蒂自认为无法在小学生面前面建立权威，然而多年以后，在英国海德公园举办的露天演唱会上，他却能让12万名观众在滂沱大雨中看完他的全场演出，其中还包括查尔斯王子和戴安娜王妃。

人的能力和可以调用的资源都是有限的，即使智力最高和最有权力的人也是一样。把有限的力量集中起来，做好最重要的事，才是一种明智的人生策略。

那些不值得做的事，会消耗我们无数时间和精力，但得到的回报却少得可怜，如果你能为做了这些事而有些许的自我安慰和虚幻的自我满足，那已经是难得的"收获"了。然而事实却是，这些不值得做的事，最终会让我们为耗费在它们身上的大好时光而追悔莫及。而对于我们心理上认为值得做的事和值得期待的结果，我们的态度就会截然不同，不仅会全情投入、不计得失，甚至还不畏惧死亡。

对于什么样的事是值得做的事，没有统一的标准。有人追求事业的成功，有人追求家庭的幸福，有人追求未来的福祉，无论哪一样，做自己认为值得做的事，就不会为此而后悔。

3

人在年轻的时候，拥有足够多的时间去创造无数种可能，还可以为自己将来的辉煌奠定基础。所以，一个人的青春时光决定着你后半生的命运，容不得你将其浪费在那些琐碎、无聊的事情上。

也许，有人会说，人生并不一定在年轻时就被决定了，我可以等到三四十岁，心智和人生经验都成熟的时候再去创建事业。

的确，没有人能否认这种可能性。但一般来说，三四十岁正是你人生中压力最大的时候，若无意外，你已经有了家庭，需要养家糊口，而你的体力和精力却都在走下坡路。这时候，你已经不可能像年轻时那样独自一人毫无牵挂地奋力拼搏，因此很难有出色的成绩。

人生中最重要的难题还是放在体力和精力最好的时期去解决比较好。

有一位作家应邀参加笔会，坐在她身边的是一位来自匈牙利的年轻男作家。她衣着简朴，沉默寡言，态度谦虚。男作家不知道她是谁，认为她只是一名不入流的作家，于是有了一种扬扬自得的心理。

"请问小姐，你是专业作者吗？"

"是的，先生。"

"那么，你有什么大作发表吗？能否让我拜读一二？"

"我只是写写小说而已，谈不上什么大作。"

男作家更加确信自己的判断了。他说："你也是写小说的？那我们算是同行了，我已经出版了339部小说，请问你出版了几部？"

"我只写了一部。"

男作家有些鄙夷地问："噢，你只写了一部小说。那能否告诉我这本小说叫什么名字？"

"《飘》。"女作家平静地说。狂妄的男作家顿时目瞪口呆。

那位女士就是玛格丽特·米切尔，一生中只发表了《飘》这部长篇巨著。她从1926年开始着力创作《飘》，10年之后，作品问世，一出版就引起了强烈的反响——它被译成18种文字，传遍全球，至今畅销不衰。《飘》在1937年获普利策奖。1938年被拍成电影，该电影曾以《乱世佳人》的译名在我国上映。

而这则故事中那个自鸣得意的小作家连同他的几百篇小说早被淹没在滚滚历史的浪潮中，被冲逝得无影无踪了。

玛格丽特·米切尔的父亲曾经给予女儿这样的忠告："每一件事都要认真地做到最好。人生不一定要做很多事情，但是，至少要做好一件事情，因为质量远比数量来得重要。"

玛格丽特·米切尔听从了父亲的忠告，把人生的"一件事"做得彻底，做到了极致，做到了完美，取得了惊世的成就。

著名心理学家加利·巴福博士曾经说过："再也没有比即将失去更能激励我们珍惜现有生活的了。一旦觉察到我们的时间有限，就不再会愿意过原来的那种日子，而想活出真正的自己。这就意味着我们转向了曾经梦想的目标，修复或是结束一种关系，将一种新的意义带入我们的生活。"

当你意识到时间的宝贵，你就应该懂得如何将你的时间"浪费"在最重要的事情上。

每个人一生的梦想和欲望都有很多，你要在懂得选择的同时，学会放弃一些。如果你能够认真区分并减去那些并不是很重要的事情，从而一生专注于去实现一个目标，那么，你的人生之路将会变得清晰而简单，你会加速自己成功的步伐，创造生命的奇迹。

别妄想了，谁的压力都不可能消失

诗人歌德说："大自然把人们困在黑暗之中，迫使人们永远向往光明。"既然压力人人都有，无法完全消除，那么，我们不妨利用压力来改变我们的生活，创造出一个自己想要的结果。

1

很多年轻人都爱说，要是我们永远不长大，做一个单纯懵懂的孩子，不用承担来自事业、情感、家庭、社会的压力，生活一定很甜蜜和轻松，世界一定很美好！

其实，这样的说法是有很多破绽的——因为压力本来就是无所不在的，从一个人出生开始，压力就如影随形。即使作为一个孩子，虽然没有生计的烦恼，却也要熟悉这个新世界的冷热惊喜，也会有各种各样莫名其妙的需求及无法满足的失落。

等到稍大一点，孩子又会因为复杂的社会因素，与他人进行比较、竞争，形成实际的压力。

等到再大一点，只要孩子对生活有了较为明确的目标和要求，就必须承受一份来自环境、体系、制度的压力。但是，因为孩子天性中具备接受新鲜事物的特质，所以他们大多能很快消除压力带来的不适，进而稳重、沉着地应对挑战。

压力有大有小，你把它看得重，它就重；你把它看得轻，它就轻。与孩子的善于遗忘和善于学习相比，成年人由于太依赖习惯和常规，对压力的态度就显得不那么友好了。

然而，适当的压力对人来说，绝对是不可缺少的清醒剂。它让你不畏惧困难，懂得思考如何进入新的局面、如何打破旧的格局，甚至让你萌发自信和勇气，这些都是帮助你将来获得幸福的先决条件。任何人都要接受压力的挑战。

2

恺撒从一个没落贵族变成罗马最高统帅，建立起庞大的帝国，每个时期他都肩负着沉重的压力，跨越重重险阻，最终才收获成功。

恺撒 19 岁时，家族权威人士从集团利益出发，要求他放弃原来的婚约，与当权派人家的女儿攀亲，甚至不惜使出各种手段进行胁迫。然而面对压顶的阻力，恺撒毫不退缩，坚持自己的主张，甘愿让个人财产和妻子的嫁妆被没收，并上演了一场出逃完婚的戏码，为自己赢得了信守诺言的美誉，这也是后来将士们愿意追随他的重要原因。

当恺撒搬开了第一个巨大的绊脚石后，他又用了足足 38 年的时间，一步步从军营、战场，走向政坛，而在这过程中，他时刻都要对抗难以计数的压力。在与压力抗衡的过程中，恺撒没有浪费时间去烦恼，而是把越来越沉重的压力变成动力，不断挖掘自己的各种优势，包括发挥他的军事才能，并用他英俊的容貌、机智的谈吐以及坚毅镇定的心志博得大家的重视，彻底扫除拦在成功前面的障碍。

美国总统华盛顿说："一切和谐与平衡，健康与健美，成功与幸福，都是由乐观与希望的向上心理产生的。"不因压力而放弃既定的目标，这是恺撒取得辉煌成绩的原因之一。

明知道压力不可能消失，整天妄想没有压力的生活无疑是给自己心里添堵。

3

遭遇压力时最聪明的做法就是赶紧跳出来，分析自己的压力来源，思考如何将它转变成有效的动力。

压力太大，容易让人一蹶不振；压力太小，则容易让人滋生惰性。

适度的压力，不仅能让人保持清醒和活力，还能让人产生自我认同的心理。

拿拳击比赛来说，有经验的教练都会帮选手挑选实力差不多、刚好可以刺激选手斗志的陪练进行训练，让选手可以在每一次比试中慢慢进步。因为有外来的刺激，选手们不会有停滞不前的困惑，也不会盲目自信，如此，他们才能通过不断克服压力，逐渐提升自己的实力。

20 世纪最伟大的喜剧演员卓别林出生于演员世家，父母因感情不和而离异。当卓别林身体虚弱的母亲在一次演唱时遭到观众喝倒彩，即将失去她唯一的经济来源时，小卓别林意外地被带到台上代替母亲继续演出。没有想到，卓别林虽然是初次表演，却十分冷静，他故意装出和母亲一样的沙哑歌喉来演唱，最后竟意外得到了观众的认可，赢得了热烈的掌声。虽然这个压力来得很突然，但卓别林却能很好地应对，这次表演无疑是成功的。

拿破仑曾说："最困难之时，就是离成功不远之日。"从那以后，尽管生活还是无比艰难，但卓别林却意识到自己在舞台上的魅力，他忘记了那些贫苦、抱怨，一次次认真学习表演的技巧。

1925 年，卓别林完成了描写 19 世纪末美国发生的淘金狂潮长片《淘金记》，奠定了他在艺术界的地位。但是压力并不因为成功的到来而却步，由于有声电影兴起，逐渐取代了传统的默片，卓别林的日子又逐渐变得非常难熬，不仅要面对事业的没落，还要承受母亲去世的悲伤，还有和妻子沸沸扬扬的离婚案，以及电影《城市之光》的停停拍拍及放映权的谈判……重重压力下，让一贯以喜剧角色出现在世人面前的卓别林仿佛苍老了20岁，一缕缕白发悄悄出现。

当卓别林有一天突然意识到自己的颓丧于事无补时，他决定放下压力，横渡大西洋展开一次欧亚之旅，既是散心，又可以趁机为新片做宣传和吸收新知。

卓别林用了很长一段时间才让自己在压力中恢复工作激情，最后，他终于重拾风采，带着《摩登时代》出现在人们面前，获得了巨大的成功。

用勇气和智慧去正视压力，压力就会变小，事态也会渐渐朝好的方向转换，这就是眼前的大成功。

世界上最大的谎言就是"你不行"

我们不可能独立地存在于这个社会中，可是我们不能因为这些，就让别人的议论成为生活的风向标。总是记得别人的议论，这是没有主见、没有自信的表现。它不但会影响我们的生活、学习，长此以往，还会让我们的心态更加消极，更有甚者，我们不敢自己寻找未来，而是从别人的眼中寻找未来。

1

费曼是美国的科学奇才，他的妻子性格开朗，总是善于从一些小事中寻找生活的乐趣，所以，他们的婚姻生活很幸福，一直是身边朋友羡慕的对象。

有一次，费曼的妻子给身在普林斯顿的他寄来一盒铅笔，上面还用一行金色的字表达了心中的爱意："查理亲亲！我爱你。"

费曼觉得这礼物是很好，但是印上这么亲昵的话不太妥。如果跟教授朋友讨论问题，忘在别人桌子上，别人会怎么想呢？他不好意思用这些笔。可是当时物质缺乏，他舍不得浪费，所以刮掉了一支铅笔上的字来用。

第二天上午，费曼又收到了一封妻子寄来的信，一开头就写着："想把铅笔上的名字刮掉吗？这算什么？你难道不以拥有我的爱为荣吗？"结尾用特大号字体写着："你管别人怎么想！"

看到这段话，费曼非常震惊。"是啊，我为什么要管别人怎么想？生活是自己的，人生也是自己的，为什么要活在别人的议论中。"他对自己说。

受到妻子的启发，他决定写一本讲述自己一生经历的书，而且就以《你管别人怎么想》当书名。在这本书中，他记述了和妻子的感情、生活轶事和他在科学上的重大突破。

2

人生短暂，需要我们把握的东西很多，如果你的人生总是不停地按着别人的要求来做自己，很显然，这样的人生是没有意义的。我们要知道，在人生道路上，我们只是别人眼中的一道风景，过了，就会很快被人忘记。当你付出太多的努力才达到别人眼中的完美时，别人也许已经丧失了关注你的兴趣。所以，不要过多地纠结于别人的评价，要学会做自己的主人。

美国著名女演员索尼娅·斯米茨的童年是在加拿大渥太华郊外的一个奶牛场里度过的。

当时她在农场附近的一所小学里读书。

有一天，她放学回家后很委屈地哭了，父亲问她原因，她断断续续地说："班里一个女生说我长得很丑，还说我跑步的姿势难看。"

父亲听后，没有就这件事发表看法，而是忽然说道："我能摸到咱家天花板。"

正在哭泣的索尼娅听后觉得很惊奇，不知父亲想说什么，就反问："你说什么？"

父亲又重复了一遍："我能摸到咱家的天花板。"

索尼娅忘记了哭泣，仰头看看天花板。将近4米高的天花板，父亲说他能摸到，她怎么也不相信。父亲笑笑，得意地说："不信吧，那你也别信那女孩的话，因为有些人说的并不是事实！"

自此，索尼娅明白，不能太在意别人说什么，要自己拿主意。

她在二十四五岁的时候，已是个颇有名气的演员。有一次，要去参加一个集会，但经纪人告诉她，因为天气不好，只有很少人参加这次集会，会场的气氛有些冷淡。经纪人的意思是，索尼娅刚出名，应该把时间花在一些大型活动上，以增加自身的名气。索尼娅坚持要参加这个集会，因为她在报刊上承诺过要去参加："我一定要兑现诺言。"结果，那次在雨中的集会，因为有了索尼娅的参加，广场上的人越来越多，她的名气和人气因此骤升。

后来，她又自己做主，离开加拿大去美国演戏，从而闻名全球。

3

自己拿主意，当然不是一意孤行，孤芳自赏，而是忠于自己，相信自己，不轻易被别人的思想所左右。但是生活中，人人都难免有从众心理，常常会为了顾及面子而依附于他人的思想和认知，从而失去独立的判断，处处受制于人。这真是一种莫大的悲哀，作为一个人，我们要有自己的主见，不可盲目追随别人。

当我们太过在意别人的评价时，会在别人的逢迎或夸奖中迷失自己，更容易在别人的议论中丢盔弃甲，很难去坚持自己的想法和判断。同时，太在意别人的评价会让我们经常患得患失，害怕一切可能会产生的不好后果。结果，自己承受的压力越来越大。每天面对着千目所视、万手所指的压力，你总会害怕别人都在注意自己的缺点或疏漏。这可怕的想法会使你退缩，失去积极主动的活力。

生活中，虚心接受别人的意见有助于自己更快地成长，可是过分地依赖别人的意见会使我们丧失主见，意大利作家但丁说过这样一句话："走自己的路，让别人说去吧。"很多人明白这个道理，但是能够做到这一点的人少之又少。

我们总是太过在意别人的眼光，如果有人说我们的衣服难看，我们第二天就绝不会再穿；当别人说你的声音不够甜美，那么你就会很少说话。做完一件事，我们总是依靠别人的评价给自己打分，别人的看法会被我们牢牢印在脑海之中，好的评价总会让我们心情愉悦，而那些不好的则给我们生活带来了无尽困扰。

如果不付诸实施，我们很难验证一个想法正确与否，因此，与其把精力花在无时无刻地去顺从别人上，还不如把精力放在提升自己上。改变别人的看法总是很难，改变自己却很容易。我们可以参考别人的模式，但是中间的精髓一定要是自己的。

第九章

高层次的人，学会拒绝也懂得接受

拒绝和接受是人生的两门必修课，却很少有人将它们放在一起。

学会拒绝，因为你不是为别人而活。自由，不仅是能够做自己想做的事，还是能够合理拒绝自己不想做的事。

懂得接受，因为你不是为缺憾而活，世上没有十全十美的事物，学着面对一切真实，接受世界和命运的不完满。

为了以后做喜欢的事，
现在先接受不喜欢的事

每个人都习惯性避开自己不擅长的事情，结果使得这一方面的能力愈加弱化，并且在心里形成了一种惯性思维：

"我没兴趣，也做不好，我并不喜欢做这件事情。"结果越来越不喜欢去做它。

1

刚刚晋升为销售部经理的朱北每天做的第一件事情就是给那些难沟通的顾客打电话，或者直接登门拜访。刚进公司的她可不是这样的。

当时还是销售菜鸟的朱北每天都为给陌生顾客打电话头痛不已，所以总是拖拖拉拉，做一些杂七杂八的事情来逃避。一个月下来，人事部主管找她谈话时委婉提出了辞退她的想法，朱北这个时候终于意识到自己在试用期的表现并不好，面临着丢掉工作的危险。

谈话后的第二天，早上一开始工作，她就直接给顾客打电话，因为技巧不好所以被顾客拒绝的概率很高。一个上午下来，她反而比以前轻松，比起以往整天想着联络顾客而未能付诸行动的恐惧，顾客直接的回绝虽然让人沮丧，但内心并没有那么大的负担。一个星期后，她成功地完成了一个订单，这也是她进入公司后第一笔销售业绩。和顾客打交道愈多，沟通的技巧也愈加成熟，慢慢地，她养成了一早预约和拜访顾客的工作习惯。随着业绩的增长，很快她就被提升为销售部经理。

对于足球选手来说，日常训练中的仰卧起坐是最无聊、最枯燥的，却是每日必须训练的一项。那些优秀的运动员往往优先做这一项，然后他们就可以享受接下来的训练活动。这点小改变让整个训练中的感受有了很大的不同。而那些平庸的运动员整天都很担心，因为他们把这一项留到了最后，从而使整个训练都充满了压力和焦虑。

2

很少有人对分派下来的工作会兴奋得两眼发光，除非他是工作狂。有时候分配下来的工作未必是你最擅长且最喜欢做的。这时候就要面对一个问题，如何完成一项枯燥、自己又没有把握的工作呢？譬如说，这项工作需要 8 个小时才能完成，如何在 8 个小时里不被随时而来的干扰或者欲望打断？最好的方法就是把时间分段。

一般人注意力集中的时间都不长，5～6 岁的儿童持续时间为 10 分钟，7～8 岁的儿童是 15 分钟，上小学的孩子则是 20～30 分钟，成年人也只有 30 分钟左右。学校设置每节课的时间也不过 45 分钟。所以，长时间地集中注意力是一个普遍的难题，更何况是自己毫无兴趣的事情。

对于一般人来说，专注某件事情长达 1 个小时是非常困难的，15 分钟就不会那么艰难了。尝试以 15 分钟为段，如果做到了，就对自己说："看起来做得不错，不妨再做 15 分钟。"趁着自己在状态再接再厉，半小时就过去了。

事情原本就没有喜欢或者不喜欢之分，是我们对事情的感觉让它有了这一层定义。任何事情着手时，想象的感觉就消失了，不管你多害怕它，或者认为它多么讨厌，当沉静下来投入工作时，不好的感觉就不存在了。

工作就是要找到"我在"的状态。

3

有个关于吃葡萄的说法。天下有两种吃葡萄的人。一串葡萄到手，一种人挑最好的先吃，另一种人把最好的留在最后吃。第一种人很不开心，因为接下来每吃一颗都要比上一颗味道差，这就像吃惯山珍海味的人是没办法习惯吃粗茶淡饭的，吃了最甜的水果，接下来无论吃多甜的食物，都是不甜的。做完最喜欢的事情，接下来做的每件事情都是让人生厌的；第二种人是快乐的，因为他吃了最难吃的葡萄，接下来每一颗葡萄的味道都比上一颗要好，从最不喜欢的事做起，接下来无论做什么事情，都充满了乐趣，所以接下来他吃每一颗葡萄都是欢天喜地的。

可见，从不喜欢的事情做起，能让你工作时更有力量，也更加投入，进而慢慢改变对工作的看法和态度。

从心理上最困难的事情入手，在中途不要跳过那些你不喜欢做的事情。这是一种强化训练，坚持下去，强化的效果会越来越大，最终你会觉得你有力量完成任何事情。

金矿只有一步，你要撑住

成功离不开坚持不懈的追求，很多人之所以不成功，不是因为他们不够努力，而是因为他们不能持续努力下去。成功，有时候也许只是多努力一次而已。

1

美国人达比和他叔叔到遥远的西部去淘金，他们手握鹤嘴镐和铁锹不停地挖掘，几个星期后，他们终于惊喜地发现了金灿灿的矿石。

于是，他们悄悄将矿井掩盖起来，回到家乡马里兰州的威廉堡，准备筹集大笔资金购买采矿设备。

不久，淘金的事业便如火如荼地开始了。

当采掘的首批矿石被运往冶炼厂时，专家们断定他们遇到的可能是美国西部罗拉地区储藏量最大的金矿之一。达比仅仅用了几车矿石，便很快将所有的投资全部收回。

然而，达比万万没有料到，当他们正想大干一场时，奇怪的事发生了，金矿的矿脉突然消失了！

尽管他们继续拼命地钻探，试图重新找到矿脉，但一切都是徒劳。好像上帝有意要和达比开一个巨大的玩笑，让他的美梦从此成为泡影。万般无奈之际，他们不得不忍痛放弃了几乎要使他们成为新一代富豪的矿井。

接着，他们将全套机器设备卖给了当地一个收购废旧品的商人，带着满腹遗憾回到了家乡威廉堡。

就在他们离开后的几天里，收废品的商人突发奇想，决定去那口废弃的矿井碰碰运气。他请来一名采矿工程师考察矿井，只做了一番简单的测算，工程师便指出前一轮工程失败的原因，是业主不熟悉金矿的断层线。考察结果表明，更大的矿脉其实就在距达比停止钻探三英寸远的地方！

作为怀着同一梦想的有心人，达比虽然付出了最大的努力，但他获取的却是罗拉地区最大金矿的一个小小支脉；收废品的商人只花费了最小的代价，却通过一口废弃的矿井而成功地获取了最大金矿的全部。

前者是一种命运，后者也是一种命运。但正是在这两种截然不同的命运背后，暗藏着一次完全相同的、对等的、冷漠而又灼人的机遇。

只不过，放弃机遇的人并不知道自己放弃的是机遇；而索求机遇的人恰恰知道机遇或许就要降临。

当然，机遇本身也知道自己最终只能属于那些与它有缘并对它一往情深的人。

2

运气人人都会有，但没有人会告诉你它到来的具体时间。有些人运气到得早一点，煎熬少一点；有些人运气到得晚一点，也更辛苦一点。

每一个成功的人都有这样的认识：获取成功并不是一件简单的事情，它需要不断地付出艰辛的努力。只要能够坚持，只要不屈不挠，其实距离成功只有一步之遥。

曾任英国首相的丘吉尔说过："要看到日出，就要坚持到拂晓；要看到成功，就要坚持到最后。成功的秘诀就在于坚持。"著名剧作家莎士比亚也说："千万人的失败在于做事不彻底，往往离成功还差一步便终止不再做了。"

参观过开罗博物馆的人应该都有体会，从图坦卡蒙法老王墓挖出的宝藏简直令人目不暇接。这座庞大的建筑物的第二层楼大部分放的都是灿烂夺目的宝藏：黄金、珍贵的珠宝、饰品、大理石容器、战车、象牙与黄金棺木……巧夺天工的工艺至今仍无人能及。但如果不是英国考古学家霍华德·卡特决定再多挖一天，也许直至今日，这些宝藏仍在地下不见天日。

1922年的冬天，卡特几乎放弃了可以找到年轻法老王坟墓的希望，他的支持者即将取消赞助。

卡特在自传中写道：

"这将是我在山谷中的最后一季，我们已经挖掘了整整6季，春去秋来毫无所获。我们一鼓作气工作了好几个月却没有发现什么，只有挖掘者才能体会到这种彻底的绝望感。我们几乎已经认定自己被打败了，正准备离开山谷到别的地方去碰碰运气。然而，要不是我们最后垂死挣扎般的一锤，我们永远也不会发现这超出我们梦想所及的宝藏。"

卡特最后的努力成了全世界的头条新闻，他发现了近代唯一一座完整出土的法老王坟墓。

一件事的成功与否，往往并不在于力量大小，而在于是否能坚持到最后一步。

在某一段路上行走，越到最后越是难走，但这最难走的最后一段路恰恰也是最关键的一段，因为，也许你的下一脚就会到达成功的彼岸。可惜，不是所有人都能坚持到最后那一步，总是有人在第 99 步时放弃，从而导致功亏一篑。

这种只差最后一步的做法，是十分不划算的。这就相当于吃一块中间夹着奶油的苦面包，你把所有苦头都吃尽了，等到终于有甜头可以吃时，却以为都是苦的而没有再继续咬下去。

3

一位叫凯文·理查德的年轻人为了生存，他不得不跑到得克萨斯油田找了一份工作。工作了一段时间后，他渐渐对野外钻探业产生了浓厚的兴趣，立志当一名独立的石油勘探商。

当腰包里攒了几千美元后，凯文·理查德真的跑去租赁设备，钻井取油，但很遗憾，他第一次钻井就遇到了一口枯井。

不过，这并没有打消凯文·理查德心中的理想。在接下来的两年中，每当攒下一部分钱，他就去钻井。两年多的时间里，他打出了 29 口油井。可是，上帝似乎喜欢和他开玩笑，这些井全部都是枯井。

尽管如此不顺利，凯文·理查德依然坚守着自己的理想。可是，直到年近 40 岁，他还是一无所获。

痛定思痛后，凯文·理查德专门去攻读了地质结构、油层模型以及其他地质学知识，以此提高钻井的成功率。在理论知识的帮助下，他又租来一块地皮进行再次钻探。

这一次，凯文·理查德的脚下不再是枯井，而是巨大的油田。

凯文·理查德用坚定的信心战胜了"枯井"，找到了油田。如果他在第 29 次打出枯井后放弃，那么他将永远无缘后来的油田。但是可喜的是，他迈出了这一步，最终找到了油田，也找到了那个叫"成功"的宝贝。

不要轻易说自己已经尽力了，看看曾经站在同一起跑线上的人，他们是不是已经远远把你落下。如果有人走在你的前方，你就应该相信你也可以再多走一步，再多试一次。也许，仅仅是这一步，就会让你悄然蜕变。

即使什么也学不会，也得学会吃亏

人生在世，即使什么也学不会，也得学会吃亏。只要学会吃亏，你就能烦恼从不上身，遇事游刃有余，心底坦坦荡荡，吃饭有滋有味。这种神仙般的滋味，是爱占小便宜的人根本体会不到的。

1

春秋时，楚王大宴群臣，名叫太平宴。文武大小官员，宠姬妃嫔，统统出席，务要尽欢。席间奏乐歌舞，美酒佳肴，饮至黄昏，兴犹未尽。楚王命燃灯继续夜宴，还特别叫最宠爱的两位美人许姬和麦姬轮流向各人敬酒。

忽然一阵怪风，吹熄了所有蜡烛，朝堂之上漆黑一团。席上一位官员乘机摸了许姬的玉手，许姬一甩手，扯断了他的帽带，匆匆回座附耳对楚王说："刚才有人乘机调戏我，我扯断了他的帽带，赶快叫人点起烛来看看谁没有帽带，就知道是谁了。"楚王听了，忙命不要点烛，并大声向众人说："寡人今晚，务要与诸位同醉，来，大家都把帽子除下来痛饮。"

各位官员除掉帽子后，楚王才命令点烛，此时，大家都不戴帽子，已看不出是谁的帽带断了。

席散回宫，许姬怪楚王不给她出气，楚王笑说："此次宴会，目的在狂欢，酒后狂态，乃人之常情，若要追究，大煞风景，岂是宴会原意？"

这就是有名的"绝缨会"。后来楚王伐郑，有一健将独率数百人，为三军开路，斩将过关，直逼郑国都城，使楚王声威大震。这位将军后来承认他就是当年乘机摸许姬手的那个人。

<h2 style="text-align:center">2</h2>

俗话说"吃亏是福"，不过，吃亏并不是轻易能做到的，需要有容忍的雅量。"吃亏是福"并不是简单的阿Q精神，而是福祸相依、付出也得到的生活辩证法，是一种深刻的人生哲学。

钢铁大王安德鲁·卡耐基在小的时候，经常会有人逗他玩，扔给他一分两分的硬币，他总是捡一分币而放弃两分。人家都笑他傻，其他人听说这事后，每次见到他都要验证一番，对这个游戏乐此不疲。而安德鲁悄悄地对他的好朋友说："如果我捡两分币，他们还会扔硬币给我吗？"

这是一个典型的吃小亏赚大便宜的故事。

围棋上也有这一招，放弃一个子给对方吃，赢得下一子的先机和气势，把对方的一片棋子像包饺子一样包围起来。

日本战国时代，群雄逐鹿，其中，织田信长气焰最炽，最有希望统一全国。但织田信长有个致命的弱点，就是太精于计算现实利益，有时到了不讲信义、不讲道义的程度。

有一次，他的一个盟国受到攻击，他的兵力也陷了进去。这时他陷入了两难的境地：继续支持盟国，必然损失兵力；撒手不管就地撤兵，虽然背信弃义，却可以保存实力。他选择了后者。

当时作为他属下的丰臣秀吉对此不赞成：选择后者固然可以保存实力，不用损失兵力，但在世人的眼里，这就是不守信用、不讲信义的行为。从战略层面考虑，以后若要统一全国，不知要牺牲多少倍兵力，才能重塑形象，挽回人心。

后来的情形果然如丰臣秀吉所料，每到希望对方投降或结盟时，对方就会说："信长家不讲信义、不守信用、不厚道、不可靠，不能以身相托付。"结果只能一座座城池苦攻苦打，消耗的兵力何至几倍于前呀！

3

生活中由于争端而吃了亏，最好的做法是"大事化小，小事化了"。每个人都会有不顺心的时候，你能在这个时候尽量忍让，不惹事端，多考虑对方的感受，多感谢他们平时对自己的帮助和支持，这才有助于以后工作的发展。

工作中，有些工作分得不是很清，谁多做？谁少做？如果大家都想占便宜，那肯定有许多事情就没有人去做，这样的结果是你们这个集体的名誉受到影响，真所谓占小便宜吃大亏。如果大家都不怕吃亏，有什么事情都抢着做，也许这次你吃亏了，也许下次他吃亏了，但是，工作完成了，集体荣誉有了，大家感情融洽了，工作氛围好了，相比下来，虽然吃点小亏，还是收获了"福"。

朋友相处也是这样，如果都想着占别人的便宜，也许你会得逞一两次，可是时间久了，谁还会相信你这个朋友？把吃亏当福，是以一种豁达的心态接受一切。这听起来好像是弱者的自我安慰，可实际上，这句话渗透着糊涂处世的大智慧。

生活中，那些常怕自己吃亏，总是斤斤计较、处处较劲，为蝇头小利也要与人争得面红耳赤的人，不妨多想想"吃亏是福"的道理，这对今后的人生大有裨益。

拿三千块钱的薪水，
也要有一千万的事业范儿

生计当然是工作的一部分，但在工作中充分发挥自己的潜力，使自己的能力得到最大的发掘，这是比生计更可贵的。生命的价值不能仅仅是为了面包，还应该有更高的需求和动力。不要放松自己，要有比薪水更高远的目标。

1

小张大学毕业，到民营企业工作。一个月后，她发现，企业里她学历最高，但工资却最低，心里感觉很不平衡。

于是小张找到老总，说要么提高她的月薪，要么就当月给她拿提成。老总说，薪酬是他们经过测算决定的，不是随便给的。而且小张是新人，刚进公司，好多地方需要老员工指导，在她没给企业创造出效益之前，不能提高薪酬。

于是，小张每天除了完成其部门经理分派的任务外，其他什么事情也不做，就坐在那里玩手机。

工作一个月后，小张打算跳槽，新东家对她的学历比较满意，但是听完她说的跳槽原因后，不由得皱起了眉头，对她说："很抱歉，我们不能录用你，一个以薪水为个人奋斗目标的人是无法走出平庸的生活模式的，也从来不会有真正的成就感。虽然工资应该成为工作目的之一，但是从工作中获得的更多的东西却不是薪水。"

以上的情景，年少气盛的你是否觉得很熟悉？也许你和小张一样，认为自己为企业工作，企业就应付一份相应的报酬，等价交换，否则怎么能体现自己的价值呢！于是，你的眼睛紧紧盯着薪水，看不到工资以外的东西。

一直想薪水的人会执着于金钱，工作起来会斤斤计较，总是采取一种应付的态度，能少做就少做，能躲避就躲避，敷衍了事。他们只想对得起自己挣的工资，从未想过是否对得起自己的前途，是否对得起家人和朋友的期待。之所以出现这种状况，原因在于人们对于薪水缺乏更深入的认识和理解。大多数人因为自己目前所得的薪水太微薄，而将比薪水更重要的东西也放弃了，实在太可惜。

2

有两个同时大学毕业的年轻人，被同一家企业录用。两年以后，其中一位已经被提升为业务主管，而另一位却还在基层默默地工作。未升职的这位员工觉得很委屈，因为他认为自己比得到提升的那位同学兼同事更加尽力。

第三年，他的同学被提到了一个重要部门经理的位子上。终于，他忍无可忍，向总经理递交了辞职信，并抱怨自己一直辛勤工作却得不到提拔。

总经理耐心地听着，他了解这个业务员在工作中很尽力，但似乎又缺少了点什么。后来他想到了一个主意："这样，你马上到客户那儿去一下，看看今天 ×× 牌花生油出货的价格行情怎么样。"

没过一会儿，他就从客户那儿回来了，并向总经理汇报说："×× 牌花生油今天售价 198 元 / 瓶，客户反映近期送货的时间比较长，我让他向公司客服反映，做个登记。"

"客户那儿现在还有多少存货？"总经理问。

这个业务员连忙又跑去，回来后汇报说："有 52 箱。"

"他现在卖的情况怎么样？"

这个业务员又一拍脑袋："那我再去问问他吧。"

总经理望着气喘吁吁的他说："你还是休息一会儿吧，看看你的同事是怎么做的。"说完叫来他的那位同学："你马上到客户那儿去一下，看看今天 ×× 牌花生油出货的价格行情怎么样。"

这个年轻人也很快从客户那儿回来了，汇报说：×× 牌花生油今天售价 198 元 / 瓶，存货还有 52 箱，近期出货量明显加大，考虑到马上会进入销售旺季，他已经给客户做了一个预进货的方案。同时他还了解到客户现在正打算做一个市场促销活动，他看了活动的方案，给客户提了一些具体的操作意见，现在把客户的方案也拿回来了，请总经理有空时可以看一下。另外，客户反映近期发货慢，他回来的路上联系了物流公司。物流公司解释是因为近期人手出现了问题，所以没有及时到货，以后不会出现类似情况。在沟通解决后，他马上打了电话向客户致歉并做了说明。

听着这一切，这个抱怨没有升职的员工再也不说话了。

企业支付给你的工资也许是微薄的，没有达到你的期望，但你可以在工作中令微薄的工资增值，那就是宝贵的阅历、丰富的工作经验、能力的提升和品行的锻造。这些显然是不能用金钱来衡量的，也不是简单地用金钱就能买到的。

有的人感叹自己一辈子注定只能拿死薪水，前途渺茫。其实这时不妨扪心自问一下："我负责的每项工作是否都用心地去做了？""是否仔细研究了自己工作中的每个细节？""为了给企业创造更多的价值，我是否在不断学习，提升工作技能，找到更好的工作方法？""我对所做的每一件事都尽心尽力了吗？"……

如果对这些问题无法做出肯定的回答，那就说明你做得并不比他人好，也就不必疑惑为什么自己比他人聪明，却长期得不到升职加薪。

3

薪酬是企业对员工所做的贡献——包括实现的绩效，付出的努力、时间、学识、技能、经验与创造所给予的相应回报与答谢。但是薪水仅仅是员工工作报酬的一部分，而且是很少的一部分。除了工资，工作给予员工的报酬还有珍贵的经验、良好的训练、才能的表现和品格的培养。这些东西与用金钱表现出来的工资相比，其价值要高出许多。

一些心理学家发现，金钱在达到某种程度之后就不再诱人了。即使你还没有达到那种境界，但如果你有更高的要求，就会发现，金钱只不过是许多种报酬中的一种。

试着请教那些事业成功的人士，他们在没有优厚的金钱回报的情况下，是否还会继续从事自己的工作？大部分人的回答都是："绝对会！我不会有丝毫改变，因为我热爱自己的工作。"

想要攀上成功之阶，最明智的方法就是选择一份即使酬劳不多也愿意做下去的工作。当你热爱自己所从事的工作时，金钱就会随之而至。你也将成为人们竞相聘请的对象，并且获得更丰厚的酬劳。

哪个公司没问题？
谁的上司完美无缺？

每一份工作都蕴涵着无数个成长机遇。任何一份工作都值得你认真对待，值得你去做好。我们一旦从事一项工作，就应当接受它的全部，并使自己在工作中获得乐趣。

1

王岩大学毕业后，凭着自己在学校的优异成绩，进入了一家合资企业工作，他给自己的目标是在 5 年内升为公司部门经理。

雄心勃勃的王岩进入公司后准备大干一场。企业的文化提倡民主，提倡基层员工与管理层平等对话和沟通，他对此非常认同，就常常根据自己的看法向部门主管提一些意见，而部门主管也的确是一副虚心好学的态度，非常耐心地倾听。可是过后，王岩却很少得到及时反馈，他就认为部门主管不是虚心接受，而是坚决不改。

于是，王岩就不再提意见，而是开始发牢骚。时间一长，他的工作满意度开始下降，工作也经常出错，遭到上司的多次批评。不久，公司解雇了她。

王岩自我安慰地说，换个工作环境也好，之后，他又进入了一家外资公司。可没过多久，他发现这家公司的管理跟以前那家不能比，日常运作存在太多问题。一时间，爱抱怨的毛病又上来了，为此还跟顶头上司发生了几次争执。

这次他不等被解雇，就主动提交了辞呈。

就这样，5年的时间里，王岩换了好几个工作，每次都是发现新公司的一大堆毛病后，开始抱怨、懈怠，当初的职场晋升计划成了竹篮打水一场空。

是什么扼杀了王岩的晋升梦想？是抱怨。

哪个公司不存在问题？哪个上司是完美无缺的？爱抱怨的员工随时随地都能找到抱怨的理由，可是你从中得到了什么呢？你什么都没有得到，还白白赔了职业发展的宝贵机会。

仔细观察就会发现，没有人因为喋喋不休的抱怨而获得奖励和提升。其实这也不难理解，假如一艘船上的水手总不停地抱怨：这艘船怎么这么破，船上的环境太差了，食物简直难以下咽，以及船长有多么愚蠢。试想，这样的水手能将自己的工作做到最好吗？

凡事都有两面性，工作也一样。如同玫瑰，不仅有美丽的芬芳，还有扎人的刺。我们在收获工作的回报与成就感时，也应该理性地接受其中的不完美。

2

每天的工作过程中，不可避免会遭遇一些困难和挫折。

企业就像一棵大树，树上攀满了猴子。站在树上，左右看都是耳目，往下看都是猴子的笑脸，往上看都是猴子屁股。要想少看见屁股、多看见笑脸，唯有多往高处攀升。但是，正如树杈的分布一样，在企业内，越到高处，可供盘踞的位置就越少。因此，我们中的绝大多数人，恐怕一辈子都只能仰起笑脸看上头的屁股；碰到待人苛刻或脾气暴戾的老板，更不免要经常挨训受气。

对于每一个人来说，既然已从事了一种职业，选择了一个岗位，就应该去接受它的全部。工作中会有我们喜欢的部分，比如工资与成长，也会有我们不是很喜欢的部分，比如困难与挫折。但这些都是我们的工作，是一个整体，任何人都不能将其分开。如果你想享受工作带给你完整的快乐，那就一定要接受工作的全部，只有体会了完整的过程，才会让快乐的笑容更美。

3

美国联合保险公司有一位名叫艾伦的推销员，他很想当公司的明星推销员。很早以前，他就认为自己具有推销的天赋，他也确信自己一定能实现这个梦想。

在刚进入保险公司的时候，由于学历低、经验有限，艾伦常常受到同事们的讽刺和排挤。冷嘲热讽的话语对他来说是家常便饭，时常会有到手的好任务，被别人抢走。不过，他并没有计较这些，相反，为了积累经验，他甘愿接受别人不愿意接受的任务，而目的仅仅是为了锻炼自己。

那是一个寒冷的冬天，在划分推销区域时，很多同事都向上司申请在市区附近工作，这样可以快点回家休息。分配的结果是，由艾伦来负责那些距离远、人口少的区域。艾伦什么都没说，而是立即起程，尽管他知道，以前在这个区域还没有谁推销成功过。

但是，他在心里对自己说："你们等着瞧吧，我一定会成为明星推销员！今天我会再次拜访那些顾客，我会售出比你们售出总和还多的保险单。"基于这种心态，艾伦到了那个街区，访问了每一个人，结果售出了 66 张新的事故保险单。这确实是了不起的成绩，而这个成绩也不断激励着他，让他最终成为公司的明星推销员。

艾伦的经历也提醒我们，每个人遇到的情况虽然不同，但都可能面临得失，经受委屈。对于同样的问题，有的人消沉萎靡、怨天尤人，有的人却能更加积极、正面地去处理。一味纠缠在这些小事上，只会消磨自己的时间，浪费机会。

在布满荆棘的道路尽头，等待你的会是美丽的花园。你们应当相信，目前所拥有的工作，不论顺境、逆境，都是对自己最好的磨炼和考验。只有如此，你才能在得失和委屈面前依旧心存喜乐，高效工作。而你身上的这种难得的品质和工作上优秀的业绩自然而然地会被凸显出来，也必然会受到公司和上司的肯定。

一个能够坦然面对挫折，承受工作中委屈的人，一定能顶住压力，在职场上取得卓越的成就。他们不是天生的强者，却是有着优良品质的卓越者。他们从未将工作中的得失、委屈看作是一种痛苦，而是不断地调整、适应，为自己争取一个个可以成功的机遇。

你一定要努力，但千万别着急

我们都渴望成功，这种心态谁都能理解，但是你要明白，成就一番事业并不容易，不要一开始就盯着成功不放，做事若急于求成，就会像饥饿的人乍看到食物，狼吞虎咽地吞食，反而会引起消化不良。

请记住，你一定要努力，但千万别着急。

1

虚尘禅师以佛法度众，为人谦厚，他每每开坛讲法，都听者众多。

有一天，一位小商人向虚尘禅师发火："我听了你的弘法后，诚信经营，薄利多销，顾客在逐渐增多，但为什么我的收入还是不能增加呢？"

禅师不急不躁，微笑着对这位商人说："有一棵苹果树，它接受了阳光、雨露、养料，春天花开，夏天结果，秋天成熟。成熟的时候，并非所有的苹果都会同时成熟。有些苹果早已熟透了，而有的苹果依旧青青待熟，并非它不会成熟，只是时间还没有到而已。"

商人醒悟过来，他明白，要想有大成就要慢慢积累。向禅师道歉后，他离开了寺院。

一年后，虚尘禅师收到了这位商人让人送来的一大笔香油钱。他在信中说，自己的生意红红火火，以致没有时间亲自到寺院致谢，只好托人送礼以表谢意。

太想赢的人，最后往往很难赢。

过于注意就是盲，欲速则往往不达，凡事不可急于求成。

相反，以淡定的心态对之、处之、行之，以坚持恒久的姿态努力攀登、努力进取，成功的概率会大大增加。

2

《拔苗助长》的故事中，农夫急功近利，结果却适得其反，使他的禾苗全部死了。

许多事业都必须有一个痛苦挣扎、奋斗的过程，正是这个过程将你锻炼得无比坚强成熟。

朱熹说："宁详毋略，宁近毋远，宁下毋高，宁拙毋巧。"对"欲速则不达"做了最好的诠释。

在山中的庙里，有一个小和尚被派去买菜油。出发之前，庙里的厨师交给他一个大碗，并严厉地警告他："你一定要小心，最近我们的香火不是很旺，你一滴油都不能洒。"

小和尚下山买完油，在回寺庙的路上，他想到了厨师凶恶的表情及郑重的告诫，越想越紧张，于是他更加小心翼翼地端着装满油的大碗，一步一步走在山路上，丝毫不敢放松。

然而，天不遂人愿，因为他没有向前看路，结果快到庙门口的时候，踩到了一个洞。虽然他没有摔跤，碗里的油却洒掉了三分之一。小和尚懊恼至极，紧张得手开始发抖，以至于无法把碗端稳。等到回到庙里时，碗中的油就只剩下一半了。

厨师非常生气，指着小和尚骂道："你这个笨蛋！我不是说要小心吗？为什么只剩了这么点油？真是气死我了！"小和尚听了很难过，开始掉眼泪。

这时，一位老和尚走过来对他说："我派你再去买一次油。这次，我要你在回来的途中，多看看沿途的风景，回来后把你看到的美景描述给我听。"小和尚很是不安，之前他那么小心都端不稳油碗，要是边看风景边走，更不可能完成任务了。不过在老和尚的坚持下，他还是上路了。

这次，在回来的途中，小和尚听从老和尚的意见，观察起沿途的风景。他惊奇地发现山路上的风景是如此美丽：远处是雄伟的山峰，山腰上有农夫在梯田上耕种，一群孩子在路边快乐地玩耍，鸟儿轻唱，轻风拂面……

在美景的陪伴中，小和尚不知不觉就回到了庙里。当小和尚把油交给厨师时，他发现碗里的油还装得满满的，一点都没有损失。

3

许多征服了珠穆朗玛峰的人，都是在珠峰脚下迈出了第一步，从来就不曾有人靠一跃就能登上顶峰。事业上的成功也是一样，需要我们脚踏实地，一步一步来，不能着急。

很多人做着微不足道的工作，同时设想成功的无数种可能。他们总是抱怨自己生不逢时，没有一份前途光明的工作，没有一个可以发展的平台，没有贵人相助……殊不知，每个成功人士何尝不是从基层做起的呢？

人生有无数种开始的可能，同样，结果也有无数种可能。现在的强者，何尝不是曾经的弱者？

现在有很多有抱负的年轻人都希望通过自己创业，获得事业的成功，成为一名成功人士。可是，他们又担心没有骄人的家庭背景，没有资金，没有丰富的资源……我们的起点可能会很低，但这并不意味着我们不能成功。大多数成功人士的起点都很卑微。

但是，"卑微"是指工作岗位不起眼，而不是说人格卑微。也就是说，我们从事的可能是一个非常不起眼的、不重要的职位，但是这并不意味着我们就低人一等。这是一定要分辨清楚的。记住，没有人可以一步登天，每个人都要从底层做起。